文鮮明先生のみ言集

（改訂増補版）

말씀

マルスム

歴史編纂委員会

光言社

はじめに

一九七九年から、テーマごとにまとめた文鮮明先生のみ言を、月刊誌「ファミリー」に数回にわたって掲載しました。八〇年代に入って、その他のみ言を加えて教育資料として本にまとめた『말씀』を出版し、多くの会員の皆様に愛読、活用されました。

このたび、光言社から要望があり、初版以来三十年ほど経っての出版となりました。当時の『말씀』に掲載されたみ言を残しながらも、追加、修正、削除を施し、書名も『改訂増補版말씀』に改題しました。

掲載されているみ言のほとんどが、六〇年代から八〇年代に語られたものですが、その特徴は、神様について、原理について、真の父母様について、あるいはみ旨に携わる者としての基本的な信仰姿勢についてのみ言などです。それゆえ、二世圏や、二〇〇〇年代に入ってから会員となられた方々にとっても、重要なみ言が多く掲載されており、日々の信仰生活において、聖業の中で、心霊と知恵の糧となることを確信いたします。

二〇一七年八月

日本歴史編纂委員　可知雅之

〈目次〉

はじめに……3

第一章 神との出会いと一体化 11

序……12

第一節 神の心情……13

1、心情とは／13

2、真の愛が動機となった心情と、自己中心的な偽りの愛が動機となった心情／15

3、神の心情とは、真の愛が動機となった心情／16

第二節 神をはっきりと知る……19

第三節 神と先生との出会い……22

第四節　先生の教示……29
第五節　いつも神と共に……39

第二章　生活基準と自己主管　43

序……44
第一節　自分なりの生活観念をもたない……44
第二節　自己主管……46
1、心の主管／47
2、物欲の主管／49
3、金銭／51
4、食欲／54
5、時間の主管／56
6、睡眠／59
7、疲れ／61

8、七大怨讐／64
第三節　み旨の道を歩む者の信条……68
第四節　万物を通して生かしてくださる神……71
第五節　今の瞬間が永遠を決定……78

第三章　真の子女　83

序……84
第一節　真の子女とは……85
1、親のために生きる者／85
2、親と一体となった者／85
3、親の一番の願いを自ら悟って行う者／86
4、親を解放する者／90
5、世界の人々は兄弟姉妹という心情をもつ者／91
6、世界は神から与えられた自分の園であると自覚する者／92

7、親を何遍も泣かせる者／92
第二節　真の子女としての先生……100
1、「先生はまだ神の前に真の息子だと言うことができない」／100
2、「先生は一人でも行く！」／102
第四章　苦難と試練の克服　105
序……106
第一節　外的な苦難と試練……112
1、受難や迫害の場合／112
2、教会の基盤ができ迫害がなくなり、物質的にも豊かになり出した時の試練の場合／116
第二節　内的な苦難と試練……117
1、天の願いがいつも厳しい、という場合／117
2、み旨に疲れをおぼえ、くたびれてしまう場合／124

3、神からも人からも捨てられたような場合／129

第五章　天一国創建のための真の父母と祝福家庭の使命と役割 137

第一節　人類の真の父母の使命と役割 …………………… 138

1、メシヤの使命と役割／138
2、贖罪主としてのメシヤ／141
3、真の父母の十字架／145
聖人の道／149　神様は泣いておられる／151　涙の基台／153
心情の相続者／154　神を知る者の道／156　真の後継者／157
4、真のお母様の決意／160
5、真の父母の家庭的十字架／162

第二節　祝福家庭の使命と役割 …………………… 165

1、天一国創建は、神と人間、父母と子女との共同で成す／165
2、祝福結婚による重生／166

3、神の子としての主人意識／171
4、真の父母の伝統の相続／172
5、神と真の父母様の代身としての主人意識／177
6、「子女の心情」の体恤／183
7、「兄弟姉妹の心情」の体恤／186
8、「夫婦の心情」の体恤／188
9、「父母の心情」の体恤／192
10、祝福／196
11、純潔の伝統／200
自己中心愛／202　愛の絶対基準／203　悔い改めよ／204
女性は注意せよ／208　すべてを告白して／209
12、家族・氏族復帰に対する主人意識／212
13、民族・国家に対する主人意識／221
14、世界に対する主人意識／229

理想と現実／237　死んでも復活する／238
一人残されても／240　天と共に行こう／240
生涯を通して何を残すか／242　打たれて勝利する道／243
第三節　真の父母との一体化と全体の一体化……………244

第一章　神との出会いと一体化

序

1 先生が最も苦心したこととは何ですか。神人愛一体をどのように形成するのかということが一番の問題でした。（一九九三・一〇・一〇）

2 私は、街を歩いていながら、ふと誰かの言葉を聞いてこの道を出発したのではない。ある牧師に感動して、このことを始めたわけでもない。その動機の出発点、それは取りも直さず「神様」であった。（一九六八・七・一四）

3 先生は韓国においても、今までこういうことをやってきたのは、御飯がないからそうするんじゃない。名誉が欲しいからそうするんじゃない。誰かが恋しいからそうするんじゃない。これは、たった、神様を分かったから。その方の、その心情が分かったから。その方の悲しみというのは、我々のものは問題にならない。千万倍にもなる。例に、例えることができない。（一九六五・一〇・八）

第一節　神の心情

1、心情とは

1 人格の中心は、真理にあるのではなく心情にある。(『祝福家庭と理想天国』〈I〉二五八ページ)

2 我々が、「統一原理」によって教えられたのは心情圏である。(一九六九・二・四)

3 統一教会は、心情の道理を教える所です。(『祝福家庭と理想天国』〈I〉六三三ページ)

4 我々は、人格的神様を信じるだけでなく、心情的神様を論じていくようになった。(一九七五・七・一三)

5 私の教えは、神様の心情についてです。神様の心情による人格について語っているのです。そのような人格を中心とした心情の夫婦について語っているのです。心情の家庭、心情の氏族、心情の民族、心情の国家、心情の世界、心情の天宙圏について語っているのです。皆さんは、このみ言が何のことなのか、まだ分かっていません。先生のみ言は、このような内容を知らずしては理解ができないのです。（一九七九・一・二）

6 レバレンド・ムーンが教えることは、心情の潮流です。天国の神様の宝座と神様の心情まで経て、万国が通じることができ、全体と関係を結ぶことができる心情の潮流を言うのです。（『地上生活と霊界』光言社版、二五九ページ）

7 人間はどこまでも神の心情を体恤してその目的を知り、その意志に従って生活できるように創造された。（『原理講論』一三四ページ）

8 心情は神の性相の最も核心となる部分であって、「愛を通じて喜ぼうとする情的な衝動」である。……しかしながら人間始祖の堕落によって……人間の性相の核心である（創造本然の）心情が利己心によって遮られ、心情の衝動力が利己心のための衝動力になってしまった。（『統一思想要綱』五四、五七ページ）

9 すべての「真」という言葉は、（創造本然の愛の）心情を抜きにしては成立しない。真の孝子というのは、（創造本然の愛の）心情を懸けて言う言葉である。（『祝福家庭と

理想天国』〈Ⅰ〉二七三ページ）

⑩純情とか真実とかいうものは、神と共に通ずる内容を言っている。それは永遠とか絶対性という観念をもっているから、真実というものは背後の因縁において必ず神と関係をもっている。（一九八三・八・一九）

2、真の愛が動機となった心情と、自己中心的な偽りの愛が動機となった心情

①先生が皆さんに対するのは、仕事の成果の問題を通してではなく、その心情的動機がいかなるかを見て対する。すなわち、自己中心的であるか、神様中心であるかが重要である。心情的基準が神様が立てたものと同じであれば、問題はすべて解決される。（『祝福家庭と理想天国』〈Ⅰ〉二六五ページ）

②長い歴史を通して怨讐(おんしゅう)のように考えてきました。いかにその壁を崩してしまうかということが問題である。人間の力、人間の方法、手段ではできません。また、堕落世界の心情圏では絶対不可能である。その不可能なことが、今この地上に可能になりつつある。それは神様によってです。神様は万物の創造主である。だから創造主につな

ぐ、真の心情圏の力によって、こういう現象が起こってきたというのです。（一九八八・一〇・二九）

3、神の心情とは、真の愛が動機となった心情

1人類の心情を革命して、天道の基準を立てることができる新しい歴史観が出てこなければなりません。この歴史観を基準に、新しい人生観と世界観を創建することができる心情的な主義が出てこなければなりません。……それは心情的な人生観、心情的な世界観、心情的な宇宙観を中心としたもの。（一九六六・六・一九）

2終わりの日には、宗教は心情宗教、哲学は心情哲学、主義は心情主義、思想は心情思想で各々解明されねばならない。（『祝福家庭と理想天国』〈I〉二六六ページ）

3神様がいらっしゃって、私は彼により造られ、そして私は、神様と父子の因縁であることを心と体で体恤（たいじゅつ）するようになるとき、神様の心情を感じることができる。（『祝福家庭と理想天国』〈I〉二六五ページ）

4この世で一番かわいそうな人は、財産をもっていない人ではなく、妻と子をもっていない人である。そのために神様をかわいそうだというのは、愛し得る対象をもてなかったからであり、愛し得る子女をもてなかったからである。それが神様の悲しい事情であったゆえに、それを探し求めてきたのが神様であり、宗教の歴史である。（『祝福家庭と理想天国』〈Ｉ〉二七八ページ）

5もしも、君たちが本当の親の心をもって僕（しもべ）の体をもって、こういう我々の目標のとおりにやると考えてみな。……（ある人が）絶壁の断崖の上に立って、今飛び込むかという間際に立っている。それを見る親の心はどうだろう。全身が針で刺し通されるようなその切迫した心境にならざるを得ないんだね。……人を慕う。それは、世の中の自分の恋人以上に、伝道する人たちを慕う。そして、やっと来たという時にはね、飛ぶようなその身軽さで。そして顔つきが暗かったら、胸が締めつけられるような気持ちになる。着る物もちょっと悪かったら、それがたまり切れない。それが真の親心だ。……徹夜しながら彼のために祈ってやらざるを得ない。心情的に涙ながらそういうふうに思ってやる。これは天の心情だよ、親の心情だよ。……そういうことを考えると、君たち、いい加減に伝道した立場だ。……ある指導者たちは腹の中から生まれてもいないその子供に対して、「君、孝行せよ」と命令したがるというんだね。それが原則に違反する。君たちもそういう素質が濃厚だよ。目玉を見ても、鼻先を見ても、耳の先を見ても、口先を見ても、いっぱいみなぎっているんだよ。分かる？　今度帰ったら、ちょっと変わらないといけない。（一九六七・六・三〇）

6 心情的な世界は、平等である。天国は、家庭の拡大であり、兄弟愛の世界である。（『祝福家庭と理想天国』〈Ⅰ〉二七四ページ）

7 あなたと私と共に住みたいし、共に語りたいし、働きたい。これが、神様の歴史的な心情である。（『祝福家庭と理想天国』〈Ⅰ〉二七四ページ）

8 神様の息子になろうとすれば、神様の心情に似なければならない。神様の心情は世界に植えられているがゆえに、世界の人々を愛さねばならない。（『祝福家庭と理想天国』〈Ⅰ〉二七七ページ）

9 心情的な問題において専門家となりなさい。相手が童心になって、父母の胸に抱かれるような心情をつくってあげなければならない。（『祝福家庭と理想天国』〈Ⅰ〉二七六ページ）

第二節　神をはっきりと知る

1 堕落した人間にとっては、神がいるかいないかということさえ分からない（本当の意味において）。神は実にいます。その神たるは、我々のすべてに代えても否定できない真なる父母の立場に立っている。こういう認識をいかに体験し得るかということが、何よりも重大な問題である。（一九六九・四・二〇）

2 神を信じていても、神は存在するんだけれど、実感的にはこないんだね。これをいかにして体恤（たいじゅつ）するかということは、非常に問題なんだね。（一九七四・一・七）

3 あなた方は、原理自体の力によって引き上げられて知的に原理を理解してきた者が多いために、啓示を受けた人々が無条件に神に従っていくのに比べて、何事につけ、あまりにも理屈で考えすぎる傾向がある。先生の指示に対しても、無条件に反応するというより、「従うべきかどうか」と考えてしまう。（一九七七・五・一）

4 我々はそういう神を、ただ信じて行くんじゃないよ。神を信じるんじゃない。神に

よって行く。我々の生活の背後に住んでいる神を知って行く。（一九六五・九・三〇）

5クリスチャンは、神が悲しむということを知らないんだね。神は喜びの神であり、栄光の神と思うんだけれども、そうじゃありません。（一九七二・四・三〇）

6要は神様がいるということをはっきり知ったならば、すべては解決する。（一九七二・四・二三）

7神が自分を愛するということだけ分かれば、心配ないというんだね。自分が神を愛するとともに神が自分を愛する、そのことをはっきり知っておけば、絶対心配するな。（一九六七・六・二一）

8歴史的苦痛の心情を味わってきた神を分からなければならない。私の親として立つ神が、自分のためにその歴史的苦痛を味わってきた。それで、歴史的神を知り、時代の摂理を背負う神を知り、今後我々を中心とする未来の神を知り、心情を中心とする神の心情を知るということになるんですね。（一九六五・二・三）

⑨初めに神が天地を創造された時、神は悲しみの日を見たかったでしょうか。それとも喜びの日を見たかったのでしょうか。それは、言うまでもなく、喜びの一日を見たかった神様です。

創世記によると、神は、創造の終わるたびごとに、それを見て善しとされました。そして創造の最後の日に、神は人を創られ、それを見て、甚だ善しとされました。そして神が「善し」と言われたその言葉は、悲しみの世界とはおよそ縁遠い言葉だったのです。このように創造の始めを見ると、神は喜びの中に創造され、喜びの中に被造物の完成の日を待ち望んでこられたということが分かります。神は、被造物が喜びの中に創られ、喜びの中に生育し、喜びの中に完成する日を願っておられたのです。

もし、すべての被造物の中で、人間が喜びの中に完成していたとすれば、神は、人間が喜びの中に万物の主管主となって、全被造世界の完成の中心となることを、願っておられたのです。神がアダムとエバを創造された時、彼らは喜びの象徴であり、喜びの完結でした。自分たちが完成することによって、彼らは、待ち望んでおられた究極的な喜びを神にお返しすべき立場にあったのです。

しかし、人は、喜びの日ではなく、悲しみの日を見るようになってしまいました。本来ならば、天宙で最初に喜びを味わうべき第一の主人は、神であるはずでした。喜びを待ち望んでおられた神ですから、その神にひとたび喜びが訪れたならば、その喜びは永遠に続くことでしょう。なぜなら、神は、永遠なる神であられるからです。しかしこうして、喜びの主人になるはずであった神が、人間がこの地上に堕落をもたらしたために、悲しみの主人と化してしまわれたのです。

天地で最初の涙を流したのは、誰だったでしょうか。堕落をもたらした張本人であるアダムとエバでしょうか。それとも、御自分の創られた人間が失敗していく姿を御覧にならなければならなかった創造主なる神でしょうか。喜びの神は、悲しみの神となられたのです。天地で最初の悲しみを味わい、最初の涙を流されたのは、ほかならぬ神だったのです。（一九七八・三・一）

第三節　神と先生との出会い

1先生の今までずーっとやってきたことを、君たちにちょっと教えてやりたい。そしたら、心情的場面が多いんだよ。先生がそれを言ったら、みんな鼻から水が出る。三カ所から流れるものが流れるんだね。人間はおもしろいよ。

先生は、そういうことを言い出したら真剣になっちゃうよ。誰かが「先生はこういう先生です」と一言言ったら、大声で泣き出すよ。そういう心情をもっている。その心情を君たちは、研究じゃいけないね、考えじゃいけない、これは事実でなければ許り知れない。そういう境地があるわけなんだ。いわゆる神と先生の二人きりが知っているその境地、心情の境地、それはサタンも誰も知らない境地がある。それを思うと、ああ、いくら疲れている時でも、雷の時にスパークするような気持ちになる。まあ、できるんだったらそういう感情界に入らないようにしようと思うんだね。入ったらちょっと支障をきたす、現実界に。（一九六七・六・一八）

2神をつかむ時、そぉーっと、赤とんぼをつかむようにするか。子供の時、先生は神をつかむのに、必死で、真剣でした。……神は、風に耳を傾けていると思いました。風が、中心者でした。風と静けさの間には、何かつながりがあるはず、その沈黙の時、神は何を考えておられるのだろうと考えました。静けさが、世界中で最も平安な場所と時でした。神は、風と平隠の中におられます。神は、暖から寒まで、すべてにおられます。小鳥のさえずりも、神が聞いておられると思いました。悲しい時、うれしい時、何か求めている時、小鳥がさえずると思いました。神が悲しそうに思え、幸福そうに歌う時、神がうれしそうに思えました。そうして神の心情を探っていきました。

……

平和と愛との境地にくると、神と出会い、そこに神の声さえ聞こえてくるようになります。耳が開ききって、鋭く、神経が動くようになります。……神秘な経験がたくさんあります。岩の上で黙想していた時、去ろうとしたら、岩の寂しさが伝わってきました。そして、去るに去れず、ずっと一人座り続けていたことがありました。それは、一つの岩では、もはやなかったのです。（一九七五・一〇・一四）

3 神が存在するや否や。……神のことを考えるにはね、自分ということを考える。自分はどこから？　お母さんから。ずっと上がるんですね。それがどこまで上がるか。人間の初めはどうなっているか？　人間はどうなっているか。神様が本当に造ったか、となるんですね。我々の先祖は誰なのか。……神が本当にいたならば、人間とはどういう関係だろう。……その関係は何を……キーポイントとしているか……神の希望は何か？……神の事情は何か。神の喜ぶ、神の心情は何を追求するか。……どこに目的地点をおいているか。あらゆる問題が問題になってくる。それをみんなテストして聞いていったら、それ全部、神の希望やら、神の事情やら、みんな総合して結論を下すというと、人間になるというんですね。人間とその神との関係。それは何でもってつなげられるか。心情基準を通過しなければならないというんですね。（一九六五・一〇・七）

4 一週間も寝ずして、涙を流しながら、神はいるかいないか、見たい神はいずこにいるや、というような心境でもって、涙の続く一週間以上の、そういう深刻な立場が何

回も、いくらでもあった。(一九七〇・一一・二六)

5最後に深い所に入って祈るというと、「宇宙の根本は何か?」、聞いてみるというと、答えは簡単である。「親子だ!」、親子。父母と子供だ。そういうような答えである。普通の人は、自分を生んでくれたその父母であり、生まれた自分たちだと思うんだね。そうじゃない。最初の基準として、人間と神が親子の関係であるというんですね。それは天的心情を、それから天的血統を中心とした子女として、親子関係が宇宙の根本である。そこまで入る。すると父母の神の子供か。君たちを生んでくれた父母が、自分を生んだということを否定できないように、本当に神は自分の親であるか。意識観念におきまして、それを否定できない子女の心情圏に、我はいかに入るか。それは、それを誰が否定しても、いかなる論法でもって否定しても否定できない。否定するほど明確だという、その圏内にいかに入るか。それが問題になるんですね。いろいろの問題じゃない。心情でなければならない。(一九六五・一〇・七)

6いくら自分が辛(つら)い立場にあっても、いくら悩めるどん底の立場に陥っても、……自分における四十数年間の苦労は限られた苦労である。しかし、六千年間の神の苦労というのは、我々人間に、どうにもこうにも分かり切れる悩みじゃない。……一瞬のその苦しみは忍び得ることができる。しかし、堕落以後、今まで続いてきたその神の苦しみは、耐え忍び得る苦しみではない。しかし神は、これを耐え忍んできた。忍耐心をもって耐え忍んできた。だから神自体におきまして、堕落以後の神の足跡は何ですかと聞けば、「我は忍耐である」と答えるでしょう。（一九六七・六・一二）

7ある時、先生は神に祈りました。「善なる神の目的、善なる神の人格、その目的にかなうその人格、神の心情を中心として生活する場において、神の事情を中心として、万物を抱き得る真なる神の求める創造本然のその人は、いずこにいますか？」。「いません」。「過去にいましたか？」。「いません」。「現在にいますか？」。「いません」。「未来にいるでしょうか？」。「私は知らない」。神自身も知らない。（一九六五・一・二八）

8そうして天の心情の深奥に触れた。（一九六七・七・六）

9神の悲しい心情、親としての苦しみを味わい知らされた時には、木を抱き締めて、いつまでもいつまでも泣き続けた。（一九七七・五・一）

10あなたたちは、先生に対して一言、その時の心情に触れるものがあったら、先生は涙を禁じ得ない。神様もそうだ。先生と神様と抱き合って泣いた悲しさは、地上の人々は誰も知らない。その深い神への心情は、計り知れない。それを思うと、体の細胞がしびれるようだよ。そういう心情で神への孝行の道を進んでいることが、あなたたちに分かる？（一九七〇・一〇・一三）

⑪私は、早くから悲劇と苦痛の中で呻吟（しんぎん）する人類を救出する方案を模索するために、長い間心血を注いできたのであります。それは、瞑想（めいそう）と苦悩と探求の道であり、凄絶な精神的戦いの茨の道であったのであります。千辛万苦の努力の果てに、ついに、実存する神に遭遇することができたのであります。神に会ってみた時、その神は栄光の神にあらずして、ユートピアを地上に実現するために、嘆かわしい、痛ましい心をもっておられる父母としての神であられ、またその神は、天道を明らかにされ、万物を胸に抱く、真理と愛の光の神でありました。神のこの限りなき愛に接した時、悟ったのは、神と人間と宇宙の関係を人間に明らかに知らせるために、神が深く抱いておられた深奥なる思想でありました。この思想を見る時、世界のすべての問題は完璧に分かり、直ちにユートピアが実現し得るということが証明されたのであります。この思想が、正に「統一思想」であって、私が今、世界的に展開している統一運動の基本理念となっているのであります。

神に出会ったのち、私は今日まで一生涯、神の思想をもって神と人類の夢であるユートピアの実現のために統一運動を展開してきたのであり、その間の経験を通じ、この「統一思想」が問題解決の鍵であり、混乱収拾のキーポイントであることを、より深く確認したのであります。（一九八三・一二）

⑫消えていくような姿ではあったけれど、神に慰めを残していきたいという信念をもって行ったならば、神は自分のために、いつでも導いてくれる神であったことを知った。だからこの道を行く。（一九七二・四・三〇）

⑬この道を先生は発見してしまったから、今までこういう戦いをしてきた。（一九七二・四・三〇）

⑭そういうことに間違いないから、誰が反対しても、恐れずに命懸けで、天下すべて反対しても、堂々と今までこの基盤をつくってきている。もしも不完全な道なら、先生はもう風呂敷に持ち物を包んで帰っているよ。しかし、ほかには行くべき道がないから、ずーっとこうやっているんだよ。先生は頭から言っても、一番大きい帽子を二つ三つかぶったが、大きいのでも合わなかったよ。それは何を意味するかというと、

考えることにおいて、複雑なことを考えている。だから、そういうことを考えるにも、自分にマイナスになるようなことを考えるか。本当に利益になることを探り探って考えた結果、この道に間違いないといって結論を出した。（一九七二・四・二三）

⑮先生は、成してあなたたちに教えているんだよ。……父母が先に実行してからこそ、知るようになるのが原則である。だから、原理は先生から、もう成した基準に立っていないと教えられない。（一九七三・七・八）

⑯先生が語るみ言（ことば）は、たやすく語るようであるが、これを語るために解体してみたり、合わせてみたり、実験してみたりして、間違いないという結論が出たので、自信をもって叫ぶのである。（『祝福家庭と理想天国』〈Ｉ〉二三九ページ）

第四節　先生の教示

①先生を中心として先生のすべての生活観と、自分の生活のすべてを一致化させることによって、先生が体恤（たいじゅつ）した神の心情圏を体恤する。これを平面世界の中に、見て感じ、接することによって、その神の心情圏は、自分のほうにつながるようになるとい

うんだね。（一九七一・九・一三）

2 統一教会と言えば「統一原理」。「統一原理」と言えば統一教会の先生だよ。「統一原理」を勉強せよ。「統一原理」を研究した場合には、統一先生を研究せよ。統一先生を研究するしかないよ。（一九七一・三・二三）

3 あなたたち、日本中にたくさんの統一食口（シック）がいるだろう。寂しかった場合には、電車などに乗っていけば、ちゃんと食口のところに行けるよ。そうだろう。夜を通しながら話もできるよ。励ましの言葉も交わすことできるよ。何で心配するの。先生にはそういう人、一人もいなかったんだよ。帰っても何もないんだよ。むなしい世界である。そういうような立場なんだよ。そういうところで開拓した先生を考えてみな。とんでもないことをやってきたんだよ、そうだろう。原理の世界、原理観ということを考えてみなよ。先生が考えた、その範囲はどのぐらいだろう。それ、知りたくない？　先生は、どういうような立体的な考え方をしたんだろう。神の心情がじーっと伝わって、凝視してそれを発見する。……どんなに考えたのか、あなたたちには分からないや。見た顔は簡単だよ。目玉はこういう……。しかし内容は複雑千万だ。サタンもまいったんだから。神様も先生の作戦に巻き込まれたんだから。神様も先生にほれてしまった。神様は、初めからほれるためにいたんじゃないよ。威信堂々たる立場におったのに……。だから先生を研究すべきだよ。（一九七〇・一一・二六）

④君たちの場合は、私ほどの苦労をしなくても済む。先生がすべてに先を歩んだからである。先生の歩んだ道に従って歩めばよいのである。しかし私の場合は、誰一人教えてくれる者もなく、自分で切り開いていかねばならなかったのである。……先生の場合は、この道を歩むに際して、目に見えない神様に従ってきたが、君たちの場合は、目に見える私に従って行けばいいのである。（一九七七・六・一七）

⑤我々は神の愛を受けずしては蘇（よみがえ）ることはできない。（一九六七・七・一〇）

⑥神の愛は、そう簡単に分からないようになっている。（一九六七・六・一二）

⑦我々は現実において神に親孝行するには、神がいかなる道を歩いてきたかという神の内情を知らなければならない。また、苦しい、寂しい、惜しい、あるいは悲惨だったという、歴史的なサタンと人間を中心としての戦いに対する神の心情を知って、今までに関わりあるすべての神の苦悶（くもん）を、我々地上における、現実における人たちが、

みんな拭い取ってしまわなければ、歴史を通しての神を慰めることはできない。現実の神であり、歴史的神だから、神の苦悶（くもん）、神の寂しさ、神の辛（つら）さ、そういう問題を、この現世の、そして歴史過程の神の心の痛みとして、我々はそれを取り除いてやらなくてはならない。過去において孝なるものが現れなかった、忠なるものが現れなかったから、歴史を代表して、そういう立場をとり、心に掛かるすべての内情を解いてやらないと、現世において神を安らかな神、喜びの神として迎えることができないのである。（一九六七・七・九）

⑧天が堕落によって失われた人間を捨てることができないのが父子の間における因縁で、創造なさった神の事情であることを知らなければなりません。言い換えれば、父母が子女をもっていて、その子女がいくら脱線して父母との因縁を絶ち切った立場に陥ってしまったとしても、その父母の心は子女に対して情をもったら、その初めの情とその因縁を忘れようとしても忘れることができないのと同じように、父母よりも貴い愛の心をもった神の前においては、人類祖先アダム・エバが堕落したとしても、堕落したアダム・エバを忘れようとしても忘れることができず、切ろうとしても切ることができないのが神なのであります。

彼が悲惨であればあるほど、また、その前に許すことのできた栄光の貴い価値の基準が高ければ高いほど、それに相反する悲しみが残らざるを得ないことを、我々は考えることができるのであります。

彼が天の前に戻ってくることのできない、永遠にそれてしまった、そのような結果に陥ってアダムとエバを眺めていらっしゃる天は、永久に会うことのできない溜め息の中で、それでも、ある会うことのできる一つの道をつくって、再び迎えて許してやりたいことを、父母の心情を察することによって知ることができます。そのために、永久に関係を結ぶことのできない立場に陥ったアダムとエバではあるが、ある条件を立てて、昔の堕落しなかった本来の天が愛したかった自由で幸福なるその基準を中心として、感じるその感情は、天の心の中で忘れようとしても忘れることができないのであります。（一九七一・二・一九）

⑨神におきまして、どうにもこうにもすることができないところがある、ということを悟れる人がいない。それで神御自身におきまして、悲しみの境地に陥ったその瞬間の体験というものは、表現できません。その悲しみの境地、その悲惨なる境地、そういう境地を超えなければならない。（一九六五・一・二八）

⑩考えてごらん。どこで天の父と会うかというんだね。いずこに天の父を迎えるや。

君の住んでいる部屋の中で？　それは間違い。数多くの聖人たちの一生の目的を、部屋の中でもって果たした者はいない。道端や、あるいは十字架上などが、神が本当に愛する子女と会うべき最高の場所である。イエス様も、そういう所で神に対した。誰もが欲する所ではない。誰もがみんな慕う所ではない。誰もいない、たった一人の所、そこが一番、神の心の真ん中に記憶され、息子として神に会うことができる場所である。だから伝道に行くにも絶対二人で行かないんだね。伝道に出た時、友達や兄弟姉妹と訪問するのを嫌がるぐらいでなければならないというんだね。（一九六七・七・六）

⑪神の心情の分からない人は、神の分身のような立場に立たなければならない。中心人物だったら、自分の愛する者を怨讐（おんしゅう）に分けてやって我慢し得るような心構えをもたなければならない。そのように我々は、神の心情をたどっていかなければならない。（一九六九・二・四）

⑫皆さんが、今、真の父母の心情と神様の愛とその心情を、どのように体恤（たいじゅつ）するのですか。これが問題です。その境地にどのように入るかというのです。……サタンの前に勝利できない限り、父母の心情を知ることができず、神様の心情を知ることができません。ですから、我々は一線に行かなければなりません。全員が一線に行かなけ

ればなりません。

このようにしないで楽な考えをする限り、神様の愛と父母の愛、父母の心情圏、神様の心情圏に訪ねていくことができないのです。ですから、一線に送り出さなければなりません。全部迫害され、蔑視され、殴られ、ありとあらゆることをされてこそ、そこで心情が伝授されるのです。伝授式が、そこで起きるのです。……

その心情を、どのように体恤するかが問題です。真の父母が本当の父母であり、神様が自分の父であるということを、どのように自分が分かるかというのです。どのようにこの骨肉が知るか、というのです。自分が考えなくても、この細胞、肉体が分かるかというのです。（一九八三・三・二〇）

⑬君たちに辛い時があれば、神の心情を思え！　君たちが打たれるという立場に立つというと、神も共に打たれる。君たちが涙を流す立場に立つというと、神も共に涙を流す。悩む立場に立つと、神も共に悩む。悩む自分においては、我一人ばかりでない。全世界の万民を背負って救いの段階を引き寄せながら、君たちを慰めなりればならない立場に立っている神を、忘れてはいけない。我を慰める神の心情、我以上の辛い立場に立って、我々を慰めなければならない神の立場を思う時に、辛い立場に立っても、辛いという思いをもつことができない。（一九六七・六・一二）

⑭与える時は真を与えなさい。真なるものを与えなさい。……一番貴重なものを与え、……死をも覚悟して行かなければならないのが統一教会の道である。皆さんが、このことをなして人のために伝道してごらんなさい。天が共にある道を知る一番早い道は、それしかない。（一九七一・三・一四）

⑮神様は今、地獄を解放するために、下のほうで寝たり起きたりしているのだろう。皆は高い宝座におられる神様に向かって祈りをするけれど、それより自分の手先、足先に語り掛ける神様に対して、同情をもってそれを助けて、懐かしい自分の親にしたいという心で働くならば、その人は、高い神様そのものを自然とつかむようになるだろう。（一九六七・六・三〇）

⑯この罪悪世界において、神に至る道はたった一つしかない。それは、何ものをもいとわず、罪の代価として犠牲になることである。自ら進んで、天のために犠牲になろうとする者にしか神は現れることができない。（「新天地」一九七四年六月号）

⑰神に近寄る道は、誰よりも誰よりも神のために自分を忘れて苦労することである。（一

九六九・二・三）

⑱開拓伝道をすると、生きた神がいつも一緒に我々の周りで守っていることを体験するよ。（一九七〇・一〇・一三）

⑲神は生きている神であることを知らなければならない。神は我々と共に働いておられることを知らなければならない。我々が神としっかり一つになっていれば、何も恐ろしいことはない。問題は皆さん自身にある。皆さんの前に何百人もの人がいるとして、その人々の救いをいかにして成すかを日夜考えるならば、神は皆さんを通して働き、皆さんの計画は成功に導かれるであろう。だから、神から助けを得ようと一生懸命になるのでなく、神に対して、「どうか人々があなた方を受け入れるように導いてください」と祈り求めなさい。そして、もしあなた方が強く神と一つになって前進するならば、使命を実行することは簡単であり、全州の人々があなたのところに引きつけられてくるようになるであろう。我々は原理を通して、完全なるプラスのあるところに完全なるマイナスがつくられることを学んだ。

先生は、牢屋にいる時は、一言も話をしなくても多くの人々を伝道することができた。迫害の中で、全霊界が動員されて、先生を守り、証をし、多くの人々を先生のもとに導いてきた。先生に対して、かくも助けてくださった神は、同じようにあなた方をも助けてくださる方である。しかし、信仰がなければ、神は皆さんを証し、皆さんに働くことができない。

だから、話をする時は、神と共に話し、食べる時も寝る時も常に神と共に、どこにいても神と共にいること。このようになるならば、皆さんは神の臨在と神の心情を感じることができるようになるであろう。すなわち、あなた方の心情が神の心情と同じようになることができる。

完全なプラスのあるところに、完全なるマイナスが創造される。伝道しに街に行けば、独りでに神を求める人々に出会うことができる。このような経験を多くもてば、神を否定することができないであろう。統一教会の食口（シック）たちは、このような経験を多くもたなければならない。もし、あなた方が一生懸命祈って、導きを受け入れる備えができているならば、神はあなた方の中に臨在し、あなた方を通して働くであろう。（一九七四・一・二）

⑳神は生きておられる。その神は、我と共に生きようとされている。ゆえに我は何事も成せる。（一九八五・二・二五）

21 神の事情と心情を自分自身において体験し得る人、これが六千年の長い歴史を通して、神が今まで求めてきた本当の子女なのである。（一九六五・一・二八）

22 天国を実現させるのに、一番の問題は何か。まず神と共にいなければなりません。それは堕落する以前の段階にいる状態であります。アダムが堕落したのは、神と共にいたのではなくて、自分一人で行動したがためです。すべて困難なことがあったならば、神のみ前に出て相談し、うれしいことがあれば、その喜びを天の喜びとして帰ることのできる行動をしなくてはならないのです。常に天と共に行動するならば、失敗はないのです。だから神と共にいるためには絶対に不変なる自分とならなければならない、ということを忘れないでほしいのです。……我らにとって最も重要な問題は、公義の法則に従って神と共に行動できる人となることです。（一九七五・一・一）

第五節　いつも神と共に

1 神を、口で愛するのではなく、心情で、心で愛しなさい。神は無形であるから、無形の心情圏に立ち帰らなければ愛することができない。（一九七〇・七・三）

2堕落した人間にとって絶対なる、善なる神の前に自信をもって立つものが世の中にいると思うの？　それはいないよ。だから自信をもつな。み恵みを慕う真心以外には何もいりません。今、神が自分に何かを注いでくださるというような、慕わしい思いに打たれる境地が必要だというんだね。「お父様！……」。静かな部屋の中で呼びかけると、お父様の声が部屋いっぱいになってしまう。そういう思いに打たれる境地が必要だよ。「お父様！」と呼びかけると、空気すべてがお父様の肌みたいに感じられる。そういう体験するの？　出発する時は、「お父様、この子供はきょう一日また行きます。神の権威と神の面子（メンツ）と威信を立たしめるためにきょうは歩みますから、どうか損なわない道に導いてください……」。それが幼子の心だよね。

　神を中心として立った場合には、心配するな。あなたたちも、そういう境地に入れば同じようなことがたくさん起こるよ。幼い自分においては、十分な備えはないし、話をしなければならないし、生命を救ってやらなければならないし。そうした場合には、腹の底から悲しみが湧き上がってくる。そういう立場に立って、「神様、どうすればいいのでしょうか……」。すると、神様が話す。そういうのを体験するんだよ。……涙がいっぱいにあふれて、誰かがそっと涙を流せば、みんなの目から涙が流れる。……だから、あなた方は伝道に行った場合に、道を歩きながら、自分もたまらず電柱を抱えて涙ぐむような路程が、一日に何回もなければならないよ。そうなった場合に

は、伝道に対して天が先祖たちが応援してくれるよ。（一九七四・二・七）

3 統一教会の食口（シック）は涙の切れる生活であってはいけない。一週間、誰も自分を相手にしなくても、自分で信仰生活ができなければならない。神様と向かい合った時、胸が裂けるほどの悲しみを感ずる。こんな私を頼りにせざるを得ない神様は、何とかわいそうか。辛（つら）い歴史を担当してきた神様の心情を私たちは慰めなければならない。神様には昼も夜もない。何千年も続けて失敗を繰り返しながら後退できず、ずっと摂理を続けてこられた神様は、いかにかわいそうか。

涙が切れている統一教会の兄姉は、食口ではない！　目が腫れて太陽を見ることができぬほど泣き続けたことがあるか！　本当の孝行息子なら、娘なら、一言の言葉で神を泣かせる。また、神の一言で湧き上がる涙を抑えることができない。いつ自分の感動的一言で神が泣いたことがあったか！　神と抱き合って一体となって、感謝し合ったことがあったか！

世界の誰一人分からなくても、神と私との間にあったその内容は、誰にも否定できない事実として存在している。それがなければ霊界に行っても惨めだよ。心情が問題だ。子としては、やってもやっても、もっとやりたくて、そして、もっと探し求めるような心情だよ。神のためにやりたくてやりたくて、それが永遠に続くような心情だ

よ。こんな神様を、自分の父として迎えるのが統一教会の食口(シック)だ。(一九七〇・一〇・一三)

4 ああ、神様に会いたい。ああ、先生に夢で会いたい。それで真心を尽くす。それしかないね。万民のために血を流す。朝早くから足を引きずり回して、そうして神様の一番近いところに行く。ああ、先生に会いたくてたまらない。寝るのも忘れて、先生と泣くような心情圏でなければならない。(一九七四・五・一〇)

第二章　生活基準と自己主管

序

1（過去の）基準を打ち切って新しい起源となる交叉点を確立し、そこにおいて新しい転換点から、新しい新生の世界の出発をなそうというのが統一主義である。……だから我々統一教会は、今までの生活主義を打倒しなければならない。今までの血統問題、家族問題、親子関係、……心情問題もみな打倒（しなければならない）。……原理を習うことによって新しい世界観をもったか、新しい国家観をもったか、生活観をもったか、これを自分ながら反問してみなければならない。いつ、そういう観をもったか。自分が分からないものを勝利するということは絶対あり得ない。はっきり分かってなしてから勝利がある。では、いつそうなったか。七つのうち、一つか三つか四つか、いくつそうなったか。これを全部そうなったという確信を決定する基準を、我々は一心に求めなければならない。……自分自体において、そういう交叉する時がいつあったか。交叉して、新しい方向に転換して出発する起点をつくったか。（一九七〇・一・二二）

第一節　自分なりの生活観念をもたない

1 神は今まで六千年間、ずっと復帰路程をたどってきながら、神自身の生活をなしてきた。しかし、神本来の生活はどういう基準か。惨めな生活基準か、それとも永遠なる栄光の生活か。それは永遠であり、それに栄光ある絶対的生活基準が神の生活基準である。それゆえ、一瞬間でも、自分は栄光の神である、自分は永遠の勝利の基準の上に立って住まなければならない者であるということを思い出した場合には、堕落した人間を復帰することはできない。堕落した人間は、惨めな生活圏内に立って、サタンに奪われている。敵に蹂躪(じゅうりん)されつつある。こういう人を救うには、神自身ながら、それ以下の生活基準をもって地上に下ってこなければならない神の立場である。そういう堕落した人間を救うその主体格たる神として、もともとの栄光の生活基準の観念が残っていたならば、そこから惨めな主として地上に来て救いの手を広げるということは、これは絶対にできないのである。……ゆえに神の栄光とか、理想の生活観念は、愛する子女を復帰するため、それを犠牲にして、惨めであることを否定することのできない、避けることのできない悲惨な立場に神が立っていることを思う時に、その神を求めていく子女としての生活基準はいずこにありや。

「私は日本においては名家の子孫として生まれてきた。したがって、こういう生活基盤において、豊かに備わった中に生きなければならない自分である」と、いつでもそれを自分の生活の基準として思う者がいる。それ以上になったら喜び、それ以下になったらたまらない、と。そういうものを基準として幸福、不幸を論ずる世界である。それを思う時に、我々はいかなる立場の会員、幹部であるかを問わず、統一教会の食口（シック）としては、生活基準を観念的にでももつな。「私は大会社の社長である。社長の威信を認めてくれなければ気持ちが悪い。会社では一週間のうち、六日はみんなに頭を下げられるような立場にいたのに、統一教会内では、若者に対して（頭を）下げなければならない。これはたまらない、私は行けない。青年は行けるが、壮年婦人にはできない。東洋の日本人だ。日本人は文明人じゃないか。立派なビルディングをもっている。文化生活をやっている。だから車をもたなければ生活できない」、というような生活観念をもつな。そういう観念をもつようになったら、神の国に入れない。神の生活観念に徹せよ。我々統一教会の食口の中にも、自分なりの生活観念に染まっている者がいる。自分なりの背後関係で立てた生活は、神が立てた生活の基準じゃない。神が立てた生活の基準を我々は復帰しなければならない。（一九六七・八・六）

第二節　自己主管

①先生がこの道を出発する時のその第一の目標は、「天宙主管を願う前に自己主管を

完成する」ということであった。(一九七二・四・二三)

1、心の主管

1 先生はモーセという人の立場には、いつも同情を禁じ得ない。モーセが四十日四十夜の断食祈祷の末に十戒を受けて、自分の民のところに下りてきた時、彼らは、なんと金の小牛を造って、偶像としてこれを拝し、その周りで騒ぎ戯れていたというのである。

「よくもそんなことが……。どうしてそんなにも神を裏切ることができるのか……」と、そのあまりの心情的蹂躙(じゅうりん)に対して、憤激のあまりに、石板を地にたたきつけて壊してしまったモーセであった。

そういうモーセに対して、先生が同情せずにいられないのは、それと全く同じような事情と心情を幾たびとなく味わってきたからである。山に行ったモーセは、民のために神の真理を勝ち得んとして、どんなに苦労したことであろうか。

先生も生来、非常に強烈な火のごとき気性をもっているので、そのような信じられないような裏切りを受けたりすると、そのあり得べからざる背信に対して、直ちに心情的に切って捨てて、顔を背けたくなってしまう。それは先生にとって、最も厳しい修練の一つであった。

先生は一つの堅い信条をもっている。それは「天宙主管の前に自己を主管せよ」ということであり、これは先生が自らの弱さを克服し、激情を制しようとした結果、得た信念である。（一九七七・五・一）

2 先生は不義を一刻も見逃せない短気な人間だけど、この路程を歩むうちに、神様から忍耐ということを教わった。（一九八四・二・七）

3 今日まで、疲れ果てた時がいかに多く、弱り果てた時がいかに多く、やり切れないほど悔しかった時がどれほど多かったことでしょうか。もし、その愛を知らなかったならば、先生の火のような性格は、一刀のもとに数千人の人々を斬ってしまうほどなのです。先生は耐えることができない性格なのです。しかし、神様を知った時に、自分というものは何でもないことだと知ったのです。（一九八九・一・一）

4 あなた方は、先生をどのように見ているのでしょうか。確固たる信念と、鉄の意志をもち、決して崩れない人間として見ているのでしょうか、それとも、臆病で、神経質で、弱い人間として見ているのでしょうか。先生は自分でも、単なる普通の人間とは思いません。先生は、ある意味では火のように激しい、極端な性格をもっていますが、それは正に神から授かったものです。しかしそれでいながら、あたかも骨のない人間のように、じっと打たれるままに我慢しているのです。

誰をも呪わず、誰にも復讐(ふくしゅう)しようとはしません。なぜなら、そうすることが、神の願いであることを知っているからであり、ただ神のみ旨を成就することのみを考えているからです。（一九七七・四・一八）

2、物欲の主管

1 物質を主管することができなければ、大きいことをなせない。最も窮地に追い込まれた時、そこにおいて小さな物質が生涯の全人格を破綻させることが起こるものである。（『祝福家庭と理想天国』〈I〉二六一ページ）

2 統一教会の先生は、何ものも願わない。何ものも欲しいものはないよ。金が欲しい、家が、権力が欲しい、地位が欲しいとは思わない。永遠の生命を保障し得る愛の立場に立って人生路程を通して、個人から世界まで万民に残すものを築いていきたいのが先生の生涯の目標である。（一九七三・八・一〇）

3 多くの人が、「レバレンド・ムーンは豪華な邸宅に住んでいる」と非難している。しかし、先生はそのようなものには何の未練もない。いつでも手放す用意ができている。ただ社会の基準から見て、またあなた方が恥ずかしくないような環境を整えているだけである。本当はいいベッドを使うより、手枕のほうがもっと気持ちがいい。先生はむしろ、単純な生活や自然の物のほうが好きだ。神が命令する時は、いつでも行く準備をしている。（一九七七・六・一）

4 この（堕落世界の）地上に良いことがあったって、どのくらいのことだろうか。成功したって、どのくらいの成功だろうか。……万国を契機として、過去・現在・未来において記憶される霊界の成功に比べ、何だっていうんだね。……（先生は）良い所なんか住みたくないしね。良いもの食べる、もうそんなもの、みんな超越しているよ。どこへ行ってもいいんだよ。先生は世界各国、みんな回っているけど、先生の気に入る所は一つもないや。霊界で住む多くの所を考えれば、そこのトイレの隅っこのほうにもならないや。……そういう素晴らしい本郷の地が待っているというんだ。あなたたちは、そこへ行きたいの？　みんな行きたい。しかし行くには、そう簡単じゃないよ。どうするか。命懸けで走らなければならない。この一生、何十年という期間にお

いて……。（一九七〇・一一・二六）

5 先生は三十歳まで、自分の金で自分の下着を買って着たことがない。……新しい洋服なども誂(あつら)えて着たことはない。なぜか。その期間は三十歳基準を中心としての先生の行くべき道がある。天的使命を果たすその目的がある。その目的が最高の問題であり、重大なその焦点である。それを果たさずしてサタン世界の波に乗りながら、いい気になって着物を着たり、そういうことはできない。それをやるよりは、かえって飢える、腹を減らす、それが一つの刺激の条件だ。こういう生活をするのは、神の目的を早く成さんがためであり、こういう惨めな生活をするのも、その目的の成就を促進せんがためにと、すべての精神を集中させて今までやってきた。（一九六七・六・一九）

3、金銭

1 神の恵みで、まあ十円の硬貨を一つもったとすると、これはどこから回ってきたかを考えてみる。「お金よ、どこから回ってきたのか？」と金の歴史を聞く。十円の言うにはね、「私はもともと日本銀行のどこどこで十円硬貨として作られて……」と言う。それで結局、「あなたの歴史は善の人によって出発したか、悪の人によって出発したか？」

と、こう聞くんだよ。「最初に使われる時、あなたを持っていった者は善の者か、悪の者か？　そして、あなたの願いは何だったか、善の者に最初に行きたかったか、悪の者に行きたかったか？」と。すると、それは言うまでもなく、「悪の者ではなく善の者だ」と言う。「それじゃ、それが願いどおりではなく、悪の者に行ってしまった場合、君、気持ちはどうだ」と聞いてみるんだよ。それを聞いていけば、それは金ではなくて、自分と同じような立場に立つんだよ。そういう金の歴史が分からなきゃならない。

それで、最後に、ここに今現在、手中に入れてつかんでいる人はどういう人かというと、自分だというんだね。自分という者は、あなたの歴史上において、触った人のうちで一番か。何番か、そういうふうに思うんだよ。自分が一番と、金が言えるか。その十円をどういうところに使っているか。金の願いは、最善のところに使われることだ。最善のところだろうか。日本のために使うところか、それより、世界のために使うところか、天宙のために使うところか、神のために使うところか、どこだ。神のために使うところだ。神の愛情心と共に使えるところだろう。そういうふうに考えるんだよ。

そう考えると、その金は、そういうところに使われたことがあるか。なかった。そういう、ない歴史をいかに蕩減（とうげん）するか。「そういう人がいて、かわいがって使ってやれば蕩滅になるのにね」、そう言って、お金十円を持って蕩滅してやる気持ちになるんだよ。そうすれば、お金が話をするよ、「御主人様、永遠に自分を他にやらないでください」と。しかしお金は旅行するもんだからね、「さあ、回っていってこい」と言うんだね。（一九七〇・一一・二六）

2 先生は、自分のためにお金を使わないいんだよ。一銭でも、それは貴重だよ。昼御飯を食べるとしても、お金に、「良いもの食べようか、悪いもの食べようか」と相談してみるんだよ。「あなたの気持ちはどうだ」。するとお金が言うにはね、「先生としては良いものを食べるのが本当なんだけど、世界全体を復帰するには悪いものを食べるほうがもっといいです」と言うんだね。そう言うんだよ。そういう気持ちになるんだよ。だから、良いものは食べないで、一番悪いものを食べる。良いものを食べている者より、天国を造るのに、その使命を果たす者に食べられるその悪い食べ物が何百倍、何千倍も喜ぶんじゃないか、というんだね。悪いのを食べながらも、良いのを食べるより良い気持ちで食べられる、そういう生活をするんだよ。だからいずこに行っても、生活環境すべてのものに対して、主人として、子供みたいに相談しながら、内心の因縁を高い公的因縁に結びつけようという生活を続ける。……あなたたちは、そういう背後関係の基盤が全然ないだろう。そうだろう。根のない浮き草みたいだ。いくらそこに現れた芽生えが小さくても、根が大きければ、一遍で大きくなっちゃうよ。こういうような、心情的な背後関係が必要だよ。（一九七〇・一一・二六）

4、食欲

1 おなかがすいても、み旨を果たそうとする切ない心で、空腹までも忘れて歩みなさい。（『祝福家庭と理想天国』〈Ⅰ〉一九九ページ）

2 先生は三十歳を過ぎるまでおなかがすかなかった日はない。神に誓った基準がなされていないのに、どうして安らかに食べて眠れようか。（『祝福家庭と理想天国』〈Ⅰ〉一九六ページ）

3 先生は一食ぐらい食べなくても、食べたか食べないか思いもしないや。そういう観念が強いよ。（一九七二・四・二三）

4 「先生は天才だからそうだ。我々は先生とは違うじゃないか」。そうはいかない。先生も御飯を食べなければ腹が減るよ。君たちより先に腹減るのが分かるよ。なぜか？

敏感だから。疲れるのも先に分かるよ。寒さも敏感だよ。暑さも敏感だ。先に分かる。しかし、「イエス様はあの四十日間も断食したんだから、腹が減らないはずはない」。そこには必ず何かある。石の腹になっているかもしれないと。

先生は腹もなく感情もないか、そうじゃないよ。感情があり過ぎるから、もしも、その感情を出すというと、その結果、先祖やら子孫やら全部打ちのめさなければならない。そういう問題になってくる。だから感情をなくさなければならない。そこまでなってくるんだよ。（一九六五・一〇・八）

5多くの人は、「レバレンド・ムーンは幸せなやつだ。彼は何でも持っている。豪華な生活をして素晴らしい大きな家に住んでいる。だから幸せなやつだ」と思うかもしれない。……しかしレバレンド・ムーンは、いつも、誰よりも一生懸命に働いている。誰よりも自分に厳しく、烈(はげ)しくむちを打っている。もし他の人よりも良い物を食べるとするならば、心の中では、他のメンバーが同じような食事をしていないということに対して、本当に申し訳ないと思っている。（一九七七・一・二）

6食卓の前に行って涙し、日本の開拓地において世界の果てにおいて涙ぐみつつ、食事を抜きながらみ旨のために闘い、涙の中に働いている食口(シック)を、いつも思っている。（一

九七三・八・一〇）

7 しかし、ある時が来たら、私以上に食べさせてあげよう、私以上に幸福な基準に立たせてあげよう。それを願うから、今こういう辛抱をしていくのだ。そういうことを考える。（一九七六・六・一三）

5、時間の主管

1 今、分からない者は、安心してグーグー寝たりね。しかし、先生はそうはいきませんよ。あすのこと、来年のこと、何年間の世界情勢を見た場合、誰が責任をもつや。神様が責任をもっても、地上の基台ができなければ何事もできない。既成教会は反対するし、統一教会の現実の基盤は手でつまむような基台だ。これでは、アメリカとか世界を救うには追いつかないことになる。（一九七五・九・一八）

2 あなたたち、考えてみな。一年に死亡率が百分の一だと考えれば、すなわち百人に一人死ぬと考えてみた場合には、三十六億のうち三千六百万人は一年に死んでいく。そうした場合に三千六百万人は地獄に行く。神から見た場合に大損害である。サタンから見た場合、大勝利である。一年早ければ三千六百万が救われる。十年早ければ三億六千万人である。こう考えた場合に、世界まで早くこれを宣べ伝えるのに、いかに忙しいかということが自然と分かる。もう時間がない。神がいかばかりそれを頼っているだろう。（一九七三・七・八）

3 人が眠る時、眠らずに、人が遊ぶ時、遊ばずに、人が食べる時、食べずに働かなければならない。最後の決勝戦に向かって走るのに休む間がない。（『祝福家庭と理想天国』〈I〉一七一ページ）

4 戦いのまっただ中において、「ああ、今は昼食の時間だから、ちょっと休む」、そういうことは通じないいんだね。（一九六七・六・二七）

5 伝道に行って、一年もたたないうちに、何日もたたないうちに、「ああ、おなかがすいてたまらない、寒くてたまらない」。それが問題でない。お母さんが死ぬし、子供たちが死んでいくのに、「寒い」と言っていられるか。そのような心情をもたなければならない。国と世界のために生命の火花を散らすこの瞬間に、血と涙の出る歴史的な恨みを晴らすこのチャンスを逃してはならない。御飯が問題ではない。それがで

きなければ時を失うのである。(一九七一・三・一四)

6 一時間が惜しい。この一時間を努力しなかったならば、数千年が飛んでしまう悲惨な運命となる。この一時間、この一瞬が危機に瀕(ひん)している。(一九七三・七・八)

7 アメリカでは、今度も休まないよ。今後、何年間は休む暇がない。そのために顔にしわが寄るかもしれない。しかし、しわが寄っても、悲しいしわではない。アメリカの山川草木がそのしわに向けて頭を下げてくるよ。(一九七三・八・一〇)

8 天宙復帰は、どういうふうにするんだ。伝道もしなきゃならない。勝共運動もしなきゃならない。それから、あれもこれも、勉強もしなければならない。勉強もしなければならないんだよ。だから時間があれば勉強するんだよ。あなたたち、英語も勉強しなければならないし、緯国語も勉強しなければならないし、これはうろうろしていたら、その間にもう一年二年三年、五年十年二十年過ぎ去って、「ああ、しまった、しまった」。既に遅しだよ。みんな上着を脱いでしまって、足を伸ばしてひっくり返ってしまうような、そういう男になったら駄目だよ。(一九七〇・一一・二六)

⑨何もない所で、自分一人でぼやーっとしていて、昼寝ばかりしているような者は罰せられるよ。将来の末は良くありません。（一九七四・二・七）

⑩雑念をもたない。だから、昼間から絶対余計なことを考えている暇はない。もうこれ以上考えることがないという、これでおしまいだと決まりがついた場合には、それ以上のことを考えるな。余計なことを考えると疲れちゃうよ。そうだろう。だから、ありったけの自分の現在必要とする分野のための時間を等分して、そして余りの時間を残し、自分で勉強するんだよ。先生は今でも勉強をやっているよ。サタンの世界を知らなければ、この世界を復帰することはできない。世界に被害を起こさせずして復帰するのが名将だ。だから、それには分からなければいけない。（一九七〇・一一・二六）

6、睡眠

①寝る時間が惜しい。寝る時間で決まっちゃうんだよ。寝る時間と戦う道しかない。（一九七〇・一一・二六）

②眠りを征服せよ。歴史的な人物たちは一日に三時間しか休まなかった。（『祝福家庭

と理想天国』〈I〉一六九ページ）

3もしも、君たちが、あすには死刑台に、絞首台に行くと。しかし君は、この一晩眠らなかったら、それを避けることができる。そうすれば、君は寝るか？　みんな真剣じゃない。（一九六五・九・三〇）

4あなたたちが今やることを、やらないで寝られるのか。蕩減（とうげん）条件がいくらでも残っているのに、それをそのままにしていびきをかきながら寝ることができるのか。とんでもないことである。そのようなものであるなら私は苦労しませんよ。（一九七一・三・一四）

5戦闘する時は不眠不休でなければならない。戦闘要員をつくる期間が必要だけれど、時間がない。仕方ないから突進しながら教育する。（一九六七・七・一二）

6最近は、疲れた場合に、昼でもちょっとスッとするんだね。昔は昼寝など、夢にも考えない。（一九六七・六・一九）

7先生は夢うつつの境においても、目が覚めればすぐに腹ばいになる。父母の心情を知った立場にいる先生が、平安に休むことができようか。(『祝福家庭と理想天国〈Ⅰ〉三八七ページ』)

8 人のように寝て、何ができるか。人のようにやって、何ができるか。……食べる時間も惜しい。寝る時間が惜しい。(一九六五・九・三〇)

9 (北から)八十里の道を歩く時、荷物を背負って居眠りしながら歩いた。(一九七一・三・一四)

10 先生はアメリカで平均二時間しか眠らなかった。十二時にみんなを寝かして、それから三時半、四時半まで勉強した。時間がないから寝ない。疲れる暇がない。みんなは何時間寝るのだ? 六時間寝るのだったら、そのうちの二時間は先生のために、神のために費やせ。神は、そういうところに近づいてくる。(一九七三・七・八)

7、疲れ

1 先生はいくら疲れた時でも、やらなければならない責任を思えば、そのすべての疲

れが一時に吹っ飛んでしまう。（『祝福家庭と理想天国』〈Ｉ〉一九二ページ）

2 生きた神様が皆様と共に動いていることを生活圏内において体恤（たいじゅつ）しなさい。それが必要である。これがあってこそ疲れ果てることがないのである。（一九七一・三・一四）

3 夜帰ってきて、疲れて目が痛くなる時、そうであればあるほど苦痛である。その時、きょう自分は何のためにこんなに疲れたのかということは考える必要はない。公的路程に立っているため、天の前に自分が損害を与えてはならない。天の前に利益を与える道を行けば、「神よ、私を思わないでください」と言っても神は思わざるを得ないのである。そのために、いつも必要なことを皆さんは知らなければならない。いつも神の前に同情を受ける者にならなければならない。（一九七一・三・一四）

4 何千万里も自ら行かなければならないその路程が残っているにもかかわらず、今、「辛（つら）い」と言って休もうとする子供と、（連れていこうとする）親との関係と、同じようなことがいくらでも続いてきた。（一九六七・八・六）

5（自分が）「疲れた、足が疲れた」と思うよりも、神のほうがそれをもっとよく知っているよ。しかし、神は疲れた者を頼っても、まだ命令するものが残っているんだよ。それを思う時、神に申し訳ない。その疲れを忍びに忍んで、神の命令はこれだと感じた時、夜通しでそのとおりにやる。終えて、そこに寝転んで寝る時、神は抱いてくれるよ。本当なんだよ。だから苦労というものは、苦労そのものが悪いというんじゃないんだね。十字架が悪いんじゃない。（一九七〇・七・三）

⑥だからいくら疲れておってもね、それを思えばね、ここに、あるいはこの場所にみ意（こころ）を受け継いで、親孝行になることがあるかもしれない。そういう子供になって、力を投入して、あらゆる方面に忠誠を尽くして、あるいは孝行を尽くす。そして数多くの人々に奉仕してやり、あるいは中心的立場に早く立たせてあげたいのが先生の心だった。そう思った。だからいざという立場に立ってね、そういうのを思うと、疲れを忘れる。寝るのを忘れる。しかし、そういう思いでなく、自分に返ったら疲れが来るよ、疲れが。だから神は、いつも保護する。神がいつも同情する。神がいつも自分が寝る時に、その寝るのを見て、その手を神自身が触ってみたい、抱き合って共に寝たい。神の同情心が自分の寝る所に、自分の泊まる所に、自分の働く所に、何パーセントぐらい注がれるかという問題である。それがあれば、死ぬ所に陥れられても、絶対死なない。反対する多くのクリスチャンたちが、先生を死なさんがために牢屋（ろうや）に入れた。

しかし、先生をそういう立場に追い込んだ者がみな死んで、「死ね」と言われた者が死なずして、のこのこ残っている。（一九六五・一〇・八）

8、七大怨讐（おんしゅう）

[1]君たちは頭（の中）をきれいに掃除して、「人類解放と神の解放のために前進する」と言ったね。では、君たちはこれから眼鏡を作って掛けなさい。掛けたくなくても掛けたと思いなさい。自分の目は人類解放の眼鏡と、神様解放の眼鏡を通して見る。自分の耳は、人類解放の言葉と神様解放の言葉を一番喜ぶ。それ以外のものは聞きたがらない。耳にもそのようなものを入れなさい。そうなれば、夜を徹しながらでも聞くようになる。二十四時間。そして口に対しても、「口よ！　あなたは食べることが好きだけれど、なぜ食べるのか？」と言うと、「人類の解放のために食べる」と答える。……鼻も神と人類解放の匂いを嗅ぐためにあるのである。良い着物を着るのも、人類を、神を、より解放するためである。手は柔らかいものを触るのを好むが、それとは反対に、岩を触ったりする。それは容易なことか、難しいことか？（「難しいことです」）……

この目は、劇場に行こうとばかりするし、良いものばかりを見ようとするから駄目だ。この目が怨讐である。この怨讐から防御することを知らなければならない。自分のそばにいる夫と、通り過ぎていくハンサムな男性とを比較して、あの男性と一緒ならいいと思う、この目が怨讐である。このサタンを取り除いてしまわなければならない。また耳は、甘い話を好む。「まあ、人類の解放、神の解放とか言わないで、（そうしている間に）一生に一度の青春は過ぎてしまうから、良い物を食べ、良い物を着て、一時、生きたらどうですか？　気持ちもいいでしょう。私があなたの願うことは何でもやってあげるから、どうですか？」と言われると、その気になってしまう。耳が怨讐である。怨讐が出入りすることのできる通路なのである。それから、この口は「言いたい」と言う。米国の女性は機関銃のように不平を言う。これが怨讐である。

それから鼻が怨讐である。次には手が怨讐である。それから男性と女性の異なるもの、それが怨讐である。そこにブレーキをかけなければならない。それは容易ではない。どんな偉大な男性だとしても、美人に誘惑される。いくら美人だとしても、美男子に誘惑される。それはどこからであるかと言えば、目、鼻、口、耳、接触、感覚（からであり）、これらがすべて影響を与える。では、怨讐がどれくらいいるか。それは、五感、七感である。（五感のほかに）心があり、男と女の異なった部分がある。七大怨讐である。これらは恐ろしい怨讐である。サタンは、耳を取って食べようと待ち構えており、目を狙っており、すべてを狙っているのである。それらをあなたの一生のうちにおいて、永遠に征服することができない、と（サタンは）言っている。

では、怨讐は自分の外部にあるのか、内部にあるのか？（「内部です」）。それはあなた自身である。自分自身の中にいる。自分自身を防御できない人は、いつ敵に引っ張られていくか分からない。いかなる所に現れるか分からない。苦労し、ムーニーとして迫害を受け、泣いている時に現れるかもしれない。自分で自信がなくて、人類と神様を解放するということはナンセンスである。

タバコやドラッグ、酒などを飲んだり、雑談をしたりしていると、問題はいつも付いて回るだろう。それを分別するのは難しいので、「神様、私を助けてください。人類を解放し、神様を解放する私を助けてください」と祈るのである。米国の若者たち、男性たちは結婚前に経験しているので生殖器に弱い。そのことを分かっている？　女性はどうか？（あなた方は）東洋の女性にとって服を脱ぐことがどれほど難しいことであるかが分からない。それで東洋はみんな覆い隠すけど、米国ではすべてを現す。そしてよくウインクするし、よく笑う。東洋の女性は、米国に来てはよく騙される。「あら！　私のことが好きなのかしら」と。それほど違う。米国の女性は自分の体をよく取り締まらなければならない。分かる？　何の話か。自分を守らなければならない。

……

先生の場合にも、そのような思いがなかったと思う？　先生は生まれながら、すべてをコントロールできたんだろうか？　さらに一段と積極的だ。人類を愛するにおいても敏感だよ。女性は先生を追い掛けたが、先生は女性を追い掛け回したりしなかった。しかし、それは簡単なことだったろうか？　もし、そのことに自信がなかったら、天の公的責任を負えない。自分の目にも、口にも、耳にも、自分の感情にも負ける。そのような人に、神様はどうして人類を預けられるか！　どうして神様の解放ができるか！　もし、美男子、美女が部屋に入ってきて、自分が眠っている布団の中に、服を脱いで入ってきて誘惑したら、自分はどうするか？　腹を切る！　そのように決めておかなければならない。自分の腹でなく、相手の腹をです。すぐさま逃げなければならない。腹を切るまでいないよ。

女性たち、男性が誘惑しても落ちないという自信があるの？　自信をもつことはできません。心ではそうしようと思わなくても、足はそちらに動くんだよ。そして境線まで来ると、「ああ！　分からない」と言う。そのために、自分を発見しなければなりません。

先生がこのみ旨を出発するに当たって、どのぐらい多く考えたことか。西洋の女性、日本の女性、韓国の女性、世界中のよこしまな女性たちが私を誘惑しようとしてくるに違いない。そのように思っただろうか、思わなかっただろうか？　それらをすべてコントロール（主管）できない人であるなら、神様を解放し、人類を解放するということは全くナンセンスになってしまう。それだから祈祷するのである。それを知っている。

先生の目を鏡に映して見る時、自分の目が罪を犯さないように、自分の目に対して厳しく言い聞かせた。自分の鼻に対しても、鼻が高い高慢な人間にならないように厳しく戒めた。また、口に対しても、「三十歳になるまで十分に食べることができなかったでしょう」と言うと、口は「ええ、あの頃は本当に耐え難かったです」と答える。先生の耳もこれまで数多くの非難や迫害の声を聞いてきたが、そのことについて慰めると、「それでもあなたの耳であることができて一番幸せです」と答えてくれる。先生の手もこれまで困難なことばかりしてきたが、それでも「自分は一番幸せな手です」と答えてくれる。このように身体のすべての部分が、「今こそ私の主人に出会いました。私の本当の主人はあなたです」と言っている。君たち、そのような主人になっているか？（「いいえ」）。真の部分になっているか？（「いいえ」）。だから君たちは祈らなければならない。（一九八三・六・一二）

第三節　み旨の道を歩む者の信条

1 他人も救わなくてはならない。世界も救わなければいけない。また、神も救わなければならないのが我々である。……今から我々は天国を建設していかなくてはならない。我々は中断することができない。挫折することができない。我々は、我々の家庭のためにだけ生きることができない。我々は、より偉大なるもののために出発しなくてはならないのである。現在いる所に、そのまま停まっていることができない。我々は、我々がしなければならない全部のものを成し遂げなくてはならないのである。我々自身は救われなくてもいい、国家と世界を救わなければならないのだ！　そういう思想をもたなければいけない。我々は、いくら飢えても前進しなければならない。いくら難しくても、我々はしなければならないことを成し遂げなければならない。（一九七一・一二・五）

2 涙と汗と血をもって奉仕して、彼らを自分たち以上に繁栄させ、彼らが喜ぶのを見て、笑いながら死んでいこう。……すべてのかわいそうな国家、国民に対して、我々すべての幸福、すべての文明の恵沢をみんな渡してやる。それで自分たちは裸になって、それを眺めながら喜んで死んでいこう。（一九六七・七・二）

3 霊界に行って合格できる人をつくるのが、我々統一教会の教育目標である。（『祝福家庭と理想天国』〈I〉三二八ページ）

4肉身をもった短い生涯に、どれだけ多くの人を愛したか。それが自分の財産になる。そういう心情でもって何人を愛したか。高い者も低い者も、万民すべてに対する心情をもっていってこそ、神の前に立つ資格がある。何もなしに神の前に立ったら、「なぜ来た？」、そういう質問をされる。神の前に立つ一時のために、我々は生涯を懸けて、その一時の体面を立たせるために、生涯を懸けて歩まねばならない。そうなんだよ。先生がこういう苦労の道を歩んできたのは、その一時の自分の体面が、どういう体面で神の前に立つか。恥ずかしい体面か、それとも万民が喜び、たたえ、神も喜び、ほほえみながら「御苦労さん」と言う体面か。

君たちも、結局は霊界に行かなければならないし、霊界に登録しなければならないんだよ。今は、手続きの方法をしているんだよ。それを一生涯懸けてやる。特に堕落した人間はそうだろう。……だから、この期間にあって、まだ手続きを終えていない者には休む暇がない。（一九七〇・七・三）

5蕩減（とうげん）は誰によって統轄されるか、絶対に自分である。主管圏を失ったのが堕落だ。他からいかなる干渉があろうとも、自分ながら確固たる主体性をもっていく。人がいかなる道を行こうとも、我行く道は忙しい。横でガヤガヤと何か言っても、それを気にしている暇がない。（一九六九・二・四）

⑥日が暮れる前に、自分の目的地に着かなければならない。(一九七〇・七・三)

⑦そういうような、現状にいつも追われている基準を立てなければならない立場にある。夜寝る時間がない、座って御飯も食べられない、腰掛けて食べる暇もない、そういう切迫した復帰の情にかられるあなたたちでなければならない。(一九六九・二・四)

第四節　万物を通して生かしてくださる神

①人類のすべての息子、娘が育つことのできる栄養素をつくってくれる万物であり、息子、娘の体を育てるために愛の材料をつくってくれる万物であるので、その材料をもらったことを有り難く感謝し、愛し、食べ、そして使わなければならないのです。ところが、万物に対して冷遇し、自分勝手に使いながら人類は生きてきたのです。(二〇〇〇・九・二四)

②御飯を食べる時に、「やあ、御飯、君の名前は何か」。「御飯です」。「どこから生まれてきた」。「日本の地から生まれてきた」。「君たちの仲間はどのくらいいるか」。

「ちょっと数が数えきれないのだけれども、相当います」。「何をしているんだ」。「分からないんだけど、こういうことをやっているでしょう」と言うんだね。（笑い）「君は一日中、不安はないか」。「はあ、不安といえば、天下の誰よりも不安になっています」。それは不安にならざるを得ない。自分の願いは、いい人の口の中に入って、いい人の骨肉になって、また行動の原動力になってね、善のために働きたいのが自分の願いだけど、自分には決定する権限がない。これは、泥棒も、挨拶なしにポッポッと自分たちを食べてしまう。（笑い）数多くの人たちが、いい気になって自分の気ままに食べてしまう。それを思うと癪に触ってたまらないぐらい、歴史的恨みをもっている。そうだろう、考えてみなよ。もしも自分がそうなったらたまり切れないだろう。こりゃあもう、世界的デモ行進でもやるんだね。それで、「そうだったら僕は、君たちの一番親しい総指令官になろう」。そして命令するんだよ、「おう、世界に広がっている万民の米よ、米よ、皆、一時集合だ！」と。集まってきたらどうなる？　世界中の米は、その一点に集まるに違いない。それで、「今朝、今から一週間、今から二週間、一カ月ストライキだ！」。どうなるの？　世界の人たちは。いくら偉そうな人でも、力はないよ。もうおしまいだ。これを思うと、「ああ、世界中の米はストライキしようとしてないか」と心配するんだね。もしあれば、これ大変だ。そうだろう。米がそういうことをやるとすれば、世界万民は米の言うとおりに従うだろう。米の俵がね、汽車か何かに乗ったか分からないけれど、天国に飛んでいくというと、その人間たちも死に物狂いになって追い掛けるだろう。考えてみなよ、そうなるかもしれない。そりゃあもう、死に物狂いになって追い掛けるだろう。そう思うと、時々ちょっと寂しく思う時がある。ああ、統一教会の原理が米より以上の力がないような気持ちがしてくる。(笑い)そうだろう。米も一週間以内に、一カ月以内に、四十日以内に世界を統一させる力を持っている。

また、水のことを考えてみな。水。水がストライキしたらどうする？　地球の表面積の四分の三は水だよ。水が、「おう、君、俺たちに負債しているだろう。その負債分を返せ。それまでは水を提供しない」、そういう反逆をしたらどうするんだ。誰それも、でかい顔つきはできないだろう。「はあ、負けました」って、「ああ、降伏いたします」。そうなるだろう。それが、黙って今までずっと何の文句も言わず人類に供給してきたことを考えてみると、実に有り難いものだよ、そうだろう。

だから人類が水に対して、「これまで人類を生かしてくださった貴い水様よ。あなた様の願うところは何でしょうか。これからはあなた様の願うとおりに生きていきたい」と言えば、水が口を開けて言うんだよ。「おう、我の願いは善なる天の神様の願いに御奉公し、貢献することである。これからはそのように生きよ！」と、水は言うんだよ。そういう真剣になって考えるような人間になったら、偉い人間になっちゃうよ。

それから、「日本の国の景色、風景、山紫水明はいいなあ」とか何とか言っておっても、太陽が一日、ちょっと考え出したら困っちゃうね。そうだろう。「何だ君たち。しばらく考えさせてもらう」と言って、太陽が熱と光を発することをやめたらどうなるの？　考えてみなよ、そうじゃない？　そうです？（「はい」）。そうじゃないの。人類はこれまで感謝もせず、何もお返しせずに、今まで生きてきた。太陽がもしも、目をつぶってしまったらどうなるの？　それは、みな世界は氷の世界になっちゃうよ。君たちは、冷蔵庫でも、自然冷蔵庫にみな入っちゃうんだ。何億年後に太陽が目をぱっちり開けた時に、そこからまた、最初の生物、いわゆる諸々の万物が発生し始め、その時間になって人間がまた現れて、今のような世界を造ってみた時に、ああ、氷河期の氷の角を切ってみるというと、君たちがのこのこ出てきた、そういうことになるよ。

だからそれを考えてみると、人間は何一つ、誇るものをもっていない。それが人間だよ。自己顕示する必要もない。そうだろう？（「はい」）。ここに土があるよ。土も様々な原子、分子の集まりだよ。こういうふうに思うと、先生はそれを真剣に考えたよ。真剣に考えた。このことを真剣になって考えると、そこで、多くの負債を感じ、懺悔の境地で、身震いする境地まで入っていくんだ。「ああ、どうか、一遍だけ許してください」。そういう気持ちになっちゃうんだよ。そして、「今からは、あなたの願いどおりに、きっとやります」と。「これからは、太陽を見る時には絶対悪いことをしません」と。土に対しても、「あなたのあるところでは、絶対にそういうことはしません」と。水に対してもそうだよ、空気に対してもそうだよ。それを差し置いて、君たちは存在できるのか？　神からそれだけのふんだんの恩恵を受けながら、そのことに気づきもせず、人間たちは、いい気になって悪いことを平気でやってきた。一時にパーッと真空状態になってしまったら、君たちはどうなるの？　それはもう恐ろしい境地に立つんだよ。それを真剣に思えば、宇宙、自然の脅迫圏に立っている。いつでも君たちは、脅迫状をもらっている立場である。そういう気持ちを体験する必要がある。この話は、笑い事じゃないんだよ。笑い事じゃないんだよ。そういうふうに真剣に考えたことがあるよ。それは一理があるんだよ。一理が、絶対的理があるんだよ。そのようなことを分かって、感謝の心をもった者は、悪いことをしようといくら研究しても、できないというんだね。できるか？（「できません」）。できないだろう。それができると思うんだったら、十分、目をつぶって黙ってみな、どうなるか。口を開かず、物も食べず、空気も吸わず、黙ってみな。皆、それがなければ聞こえもしない、呼吸もできない、食べることもできない、見ることも、生きることもできないよ。だから、何のために宇宙は創造されたかといえば、人間が生きるために創造されたね。人間が食べるために、見るために、聞くため、呼吸するために必要なんだ。だから人間は、神の愛によって生かされていることを知らねばならない。

それを考えると、実に我々は、負債を負っているというんだね。いつ返済するんだ、君たち。考えてみな、いつ返済するんだ。「ああ、私の借金は何億何千万円だ」ということは考えたことある？　「自分には一銭もない」と言って、「おれは善なる者だ。これで天国に行けるんだ。宗教なんか必要じゃない」、そういう人間が多いんだね。本当はそうじゃないんだよ。水を見れば、自分の体の四分の三が水だね。太陽がなければ、すべてのものは存在できないんだね。米を見た時には、「ああ、きょうもストライキをされないのでありがとうございます」と。空気を考えてみな。もしも空気がね、金持ちの人だけにみな集まるような状態だったら、どうなるの。だから、絶対的価値があるものは、万民に平等だね。だから神様は公平である。しかし、一番価値あるものが一番価値の無いように人間は思っている。しかし、すべてのことを分かってみれば、「神がいない」とは言えない。

あんたたち地方で伝道して、初めは何も分からない者たちでも、原理を語り出したらね、だんだん考え出すよ。「そうだなあ、本当にそうだ」と。だから自然に感謝し、感謝せい。自分の生命より以上、感謝すべき立場にありながら、それを感謝しないできた。人間にとって一番親しい友といえば、それ以上の友がない。我々に一番近いといえば、それ以上近いものがない。生命の根底とつながっているものがそれである。そうだろう。だから万物に対して感謝しなければならない。腹が減った時に米を食べる。その米を誰が最初に作ってやった。息苦しい時、空気がどのぐらい貴いか。誰がこういうふうに考え出した。自分を生んだお父さん、お母さんでも、それはできないよ。有り難いお方だとね。だから神様がおられるに違いないと。

では、どこに神様がおられるのか、自分の一番近いところにおる。そうなんだよ、空気の中におるというんだね。太陽の光の中におる。水の中におる。土の中におる。それが私の生命を構築しておる。君たちは真剣になって、そういうふうに考えてみなよ、先生の話が違うかどうか。そういう圏内に、そういう境地に立って、自分の生命力と共に、そして万物と共につながるその境地に立って神に感謝し、万物に感謝する、そういう者だったら万物も喜ぶ、神も喜ぶだろう。そう思わない？（「はい」）。世の中の人々はそういう思いもしないで、水やら何やらすべてが自分のためにあると思うんだけれどね、それはちょっと間違っておるよ。

統一教会は、そういう方面で深く考えるんだね。だから太陽が必要であり、水が必要であり、空気が必要であり、御飯が必要であるけれども、その三分の一、四分の一がちょっと欠けても、自分は死なないと決心すれば一週間、二週間、三週間、四週間、四十日の断食が問題じゃない。ただやれば、これ疲れるんだよ。しかし、そういうふうに思ってやってみな。御飯は実に少量だよ。三分の一、何十分の一しか補給されなくても、感謝していく。そうだろう。そうだろう！（「はい」）。はい、そうだろう！

（「はい」）。そういうふうに思ってきょうから生活すれば、日本の空気が踊るよ。日本の太陽が笑うだろう。日本の水が、空気が、「ああ、文先生どうもありがとうございました。日本に今までずっと続けて、日本の土地とか、水とか、日本の空気として、今までずーっと残っておったんだけれど、感謝されるそういう一日をもったことがないのに、先生がおっしゃってくださり、ありがとうございます」と挨拶でもするよ。（一九六七・六・二七）

③それでは神様の遍在性をどのように感じるのでしょうか。空気を神様の息吹のように感じなさい。台風が吹いてきたら、それを神様がこの世界のために受難の道を克服してこられながら流された汗のように感じなさいというのです。太陽を眺めれば、その太陽がこの宇宙全体の生命の要因を象徴していることを知って、神様の愛を太陽に学ぶのです。神様の心情を体恤（たいじゅつ）する一つの教本であり、教材として展開させたもの、愛する息子、娘を喜ばせるための教材として立てられたのが自然です。（一九七二・七・九）

第五節　今の瞬間が永遠を決定

①たとえ一日の生活としても、いい加減にしてはならない。一日の生活を貴重なもの

と考えなくてはならないのである。一日一日をまじめに生活しながら、一歩一歩を気高く踏んで進まなくてはならない。（一九七一・一二・五）

2 古い歴史をもつのも重要であるが、瞬間を大切に過ごすのはなお貴重である。眠って食べるその一瞬間が、歴史的な運命を決定する瞬間であることを忘れるな。一瞬間の失敗が、一生かかって積み上げた功績を食い潰してしまうことがある。（『祝福家庭と理想天国』〈I〉一九二ページ）

3 この世界とか人間は、一度生まれて去ることができるが、み旨は一度去ってしまえば再び訪れないので、このみ旨をなすために責任をもって、常に誠を尽くす生活をしなければならない。（『祝福家庭と理想天国』〈I〉一九二ページ）

4 神様を解放しよう。神の苦労を体恤しながら神に慰めを授ける、永遠の恨みを解放してあげる、そういう親孝行者になりましょう。もしも、「神の命令によって行け」と言われれば、行くんだね。……時はいつまでもない。限られた期間がある。だから絶頂を越える瞬間というものは、それは直ちに越えるんだね。それは何日も、ではない。一秒である。夜と昼との境は一日なの？　時間がない。一瞬の基準が天下の分かれ。善の世界と悪の世界が、いつ交差するか分からない。だから時を願って、最後の時だと思った場合には、誠を尽くして生命を懸けてやる。（一九七四・四・二三）

⑤一日は長い。二十四時間ある。一時間がそうである。六十分も長い。一分は六十秒、結局、一秒が自分の勝敗を決する運命を運んでくるとは誰も思わない。勝敗の頂点は、一体どこにあるや、という問題を突き詰めたならば、頂点たるものは国ではありません。あるいは氏族でもありません。自分の生涯でもありません。一日、二十四時間でもありません。それは一秒、瞬間、見えるか見えないか、その瞬間に自分の運命が預けられている。……

だから「瞬間」を守れ。「今」を守れ。神様は遠くにあるのではありません。今、今を喜ぶ神を迎えられない者は、永遠に喜ぶ神を迎えることができません。今、勝利の神を迎えない者には、永遠に勝利は遠い。今が問題だ。今を無視する者は、永遠の勝利の神の世界を無視する者である。今の瞬間というものは、永遠を決定するその支点だ。そういうような、毎日の瞬間が続いていく人生行路の道に立っている。そう思った場合、真剣に生きる。一挙手一投足、これは実に命懸けである。……

だから今を守れ。……今日の価値ある一日を守れ。忠孝で守らなければならない。その生涯の絶頂を越えるような、決する瞬間であるかもしれない。だから……靴をはく時間でも、遊ぶ時間でも、休む時間でも、寝床に就いた時でも、その一瞬を守れ。孝の道を慕いつつ、忠の道に身を捧げてやっていけば、神はもう遠ざかることはありません。（一九七二・一一・一二）

第三章　真の子女

序

1 「真の子女」という言葉を考えてみた時に、その背後には「真の父母」がなければなりません。真なる親を迎え、真なる親と共に、善なる何事をもなさなければ真なる子女の関係を結ぶことはできない。我々は本当に真なる親を知って迎えているか、真なる親をもっているか、真なる親のみもとに寄って生きているか。そのためには、真なる親の基準が決定されているかということが問題である。これが決定されていない以上は、真なる子女としての基準を探し出すことはできない。だから、真なる親がこの地上に現れなければならない。（一九六九・四・二〇）

2 父子の関係こそが宇宙の根本的な立場である。（『祝福家庭と理想天国』〈Ⅰ〉一一六ページ）

3 真なる因縁は、途中で変わるものではない。（『祝福家庭と理想天国』〈Ⅰ〉一一二ページ）

4 父子の間の心情は、革命を起こすことができない。それは神様もなすことができない。神様は、父子の因縁を教えてくださるのが最後の目的である。世界を統一することのできる武器は、父子の因縁である。（『祝福家庭と理想天国』〈I〉一三〇ページ）

第一節　真の子女とは

1、親のために生きる者

[1] 生まれたのも、親のために生まれたのであり、生きるのも親のために生き、死ぬのも親のために死ぬというような立場に立ったとするならば、この子供こそ、真の孝行者である。真の愛を受け、真の幸福、真の平和、真の理想の子供とならざるを得ない。（一九七四・五・七）

2、親と一体となった者

[1] たとえあなたが、自分の親を本当の親だと知っていたとしても、そこには二つの異なった考えがあります。真に、真の息子、娘になるためには、親の願いを相続しなければならないのです。親の願いは私の願いである、というように、二人の願いが一つ

にならなければならないし、親の命と自分の命とは一つである、というようにならなければなりません。親はその心と魂を子供に、また子供はその心と魂を親に与えなければならないのです。二つの側（親と子）が一つの共通の意志、目標、願いに一致していれば、一方の願いが満たされた時、それはもう片方の喜びになります。一つのことに対して共通の目的をもった時、その目標を達成すれば、それは共通の喜びとなるわけです。そのような歩みを一年、十年、そして一生続けていけば、親と子は完全に一体になります。（一九七九・四・一五）

2 親が悲しい時は、共に悲しむべきだ。親の辛（つら）い時は、辛い感じを共にしなければ子供じゃないよ。親が喜んだら、共に喜ぶ。親が心配したら、共に心配する。共に生活圏内において心情一致、事情一致、希望一致圏に立ってこそ、親子の関係の基準が立つ。その基準に立たないというと、いくら言葉では「そうだ」と言っても、事実はそうはならない。（一九六七・六・一六）

3、親の一番の願いを自ら悟って行う者

1 先生の息子の孝進（ヒョジン）について言うと、彼は非常に活発な子供である。ある日、転んで

足を擦りむいた。見ると傷口が腫れ上がって、血を出しているのである。私は、「大丈夫か」と尋ねると、彼は鼻血を出しながらこう答えたのである。「大丈夫です。お父さん、何でもありません」。私は、あの場面を忘れたことがない。小さい子供が、泣き叫ぶ代わりに父親を慰めたのである。

信仰者にも二つの立場がある。一方は、神の愛を受けたいので神に侍る立場で、その愛に満足している。しかし、もう一方は、父の心中を知っているがゆえに、他の人々にも救いの手を差し伸べようと努力する者である。

神は、人間始祖の堕落によって多くの子女を失ってしまったので、再び子女たちが神のもとへ帰ってきてほしいと切に願っている。もし失われた兄弟を捜しにいって、一生懸命尋ね回り、長い間、父のもとへ帰らなくても、父親はこれに対して不平を言うだろうか。失われた兄弟たちを捜し求めていって、兄弟姉妹たちを家に連れて帰ったら、神はもっと愛してくださることは明らかである。失われた子女たちを復帰するために死に物狂いで働く子供に対して、天の父は、「自分に従わなかった」と言って怒るだろうか。神は、こんな子供を誇らしく思うに違いない。神は、この子供の心情を慈しみ、より一層愛するであろう。

あらゆることをなす場合、言われる前に、決して不平不満を言わずになすべきである。神がみ旨を成就なさろうとする以上の真剣さをもたねばならない。神を助ける心構えがあり、偉大なみ業を成し遂げるためにはどこへでも行こうとする子供と共に、神の愛はある。神は、このような子女を子々孫々に至るまで、末長く保護したいと思われるであろう。

この地上での働きを終え、霊界に行く時、もし神に対して、「私は天国に行きたくありません。地獄で苦しんでいる人々を救うために地獄に行きたいのです」と言ったなら、神はその人のもとへ下っていかれるであろう。「み意に従って最も貧しい社会に住みます」と言えば、神は、「息子よ、お前は非常に賢い子である」と言われるであろう。このような場合、仮に神に不従順であったとしても、神は誇りとなさるであろう。こう思える人間は、正に完全な善の実体である。神から、「お前はもう社会に出ていく必要はない。いつ私はお前に、人々を伝道しなさい、と命令したことがあるか。なぜお前は、ここにとどまって休まないのか」と言われ、もし、それでもついに出掛けていくなら、神はこの子供を罰するであろうか。神は全人類を救おうとなさっているので、子女たちにもそうしてほしいと願っているのである。神は、このような信仰者になってほしいと願っておられる。（「新天地」一九七四年六月号）

2 親が重荷を背負っていることを知っていながら、自分の悲しみを慰めてほしいと願う子供をもつのと、親を幸福にしたいと思う子供をもつのと、どちらが良いだろうか。

親を力づけようとする子供をもちたくないであろうか。我々の願いは、神に対してこのような子供になることである。

そのためには、まず最初に、命令される前に自ら悟って行わなければならない。第二に、たとえ天の父の助けがなかったとしても、積極的に進んでみ旨のために働く者でなければならない。そして神に対し、「お父様、どうぞそのままでいてください。私が責任をもちます。私が責任分担を全うします。私がみ業を完成してあなたに捧げるまで、どうぞ待っていてください。私はこのことを神のため、そしてあなたの愛する兄弟姉妹の救いのために成します」。（「新天地」一九七四年六月号）

③「父よ、私がこの罪の世界を復帰する責任をもちます。私が必ず成し遂げてみせます。信じて見ていてください。私を助けてくださる必要はありません。神様、どうかそこで見ていてください」と祈る人がいれば、神の心情は慰められるに違いない。そして、神は、こう語られるだろう。「私はあなたを助けずにはいられない。どんなところでも、私はあなたと共にいたい」と。こうしたことから、どんな困難にぶつかっても、それを乗り越えていく決意を固めた時、神は既に皆さんの先に立ち、道を切り開いていてくださっているのに気がつくであろう。（「新天地」一九七四年六月号）

4 父母から「やれ」と命令をされて、やるのではなく、自分の意志によってやり、父母の心を知って、その理想までも責任を果たそうと志願することのできる子供が現れなければなりません。そうして初めて、全人類のお父様として復帰摂理全体に責任を負った神の秘密を相続させ得る基盤が、地上に立てられるようになるのです。（『祝福家庭と理想天国』〈Ⅰ〉一二八一ページ）

4、親を解放する者

1 我々統一教会の群れだけが、この地上に神の摂理歴史観をもつようになった。神の行くべき方向性を満たすようになった。……人類を解放する前に神を解放しなければならない。……神が人間を解放するのではなくて人間が神を解放する。まるっきり反対になっている。……万民が悲惨であり、かわいそうな人類であると思う前に、人類を滅亡させないで今まで救おうとしてきた神の心を考えなければならない。いかばかり苦労であったたか。日本の先祖たちが数千年の間に一億の人民が住むようになった過程には、神の多くの苦しみのその涙が入っていることを我々は思わなかったね。いつか時が来た時には、この民族を固めて世界に立たせようとして、神が夜、昼、休まずこういうことを重視しながら、侍ってきたということを思わないんだ。……誰が勝利した歴史的神様になさせるや。……もしも神様が実体をもってこの地上に降臨されて働くというようになった場合には、二十四時間なしても、まだ行かなければならない。寝るにしても、立って寝るよ。（一九七四・四・二三）

5、世界の人々は兄弟姉妹という心情をもつ者

1 物事をなす時、全世界の兄弟姉妹の救いのためになさねばならない、彼らは等しく神に愛されているからである。（「新天地」一九七四年六月号）

2 人類万民はみな兄弟であり、姉妹である。イエス様を愛するような愛をもって、あらゆる人に当たっていかなければならない。日本人もアメリカ人も同じだね。神の子供、兄弟だよ。国境を越えた、そういう心情の持ち主になった時、神はその民を、国を愛することができる。我々は、そういうものをつくっていくんだよ、この地上に。

すべての人間が兄弟姉妹という世界的心情をもたないと、神の子女とはなり得ない。世界を救うことができない。食口（シック）というのは素晴らしいんだよ。自分だけが良いものを食べるとしたら胸が詰まる。良いものを着る時も胸が詰まる。良い床に寝る時も胸が詰まる。寒さに震える兄弟、食べられない兄弟がいたとしたら胸が詰まる。自分は、

いっそ何もないほうが安らかである。だから、みんな与えてしまう。それが善である。悪は何か。自分のために集め、自分さえ良ければいいという、これは悪だよ。宗教家というものは一文ももたない。しかし、心の世界には天国をもっている。（一九六七・七・一〇）

6、世界は神から与えられた自分の園であると自覚する者

1真の子女は、世界的決意を基準として立たなければならない。世界は自分のものである。真なる神の子として祝福された自分の園である。これを犯す悪者があったら許しておかない。その決意が必要である。その決意をあなたたちがもたなければ、今後、世界へ向かって進みゆく先生とは関係がない。それは神の子供ではない。（一九六九・四・二〇）

7、親を何遍も泣かせる者

1悲しみや涙の好きな人がいるだろうか。我々はいつも、悲哀や涙などというものは、できることなら避けるべきものだと思ってきた。しかし、それは正しい観念だろうか。

我々が神と人類のために悲しみを負い、涙するとしたら、その悲しみや涙は、最も価値あるものとなり得るのである。それは、君たちが神の心を占領するために、用いることのできる二つの道具だともいえる。

お金や知識や権力によって神様の心を奪うことはできない。しかし、他の人々のために献身する者の涙は、神様の心を占領することができる。北米大陸の最高峰はマッキンレー山である。しかし、君がそのマッキンレー山と同じくらい巨大なダイヤモンドをもっていたとしても、神様を買うことはできない。神様は、そんな安物ではない。しかし、その神様の心を、神と人類のための悲しみによって占領することができる。神様を君たちのものとすることができる。

神様は、どうしてそういう悲しみや涙の前には、どうしようもない気持ちになられるのか。それは、御自身が、いつも涙をためてこられた神様だからである。誰でも、そういう神様に似た心をもった人がいれば、そういう人の心に触れる時に、神様の心情は動かされるのである。そして、そういう悲しみの分かる者だけが、神様の真の心を理解できるのである。

もしここが天国であり、ここからが地獄であるというように、はっきりと分かれているとしよう。一方には、悲しみや涙を味わう機会を一切無視するような人々がいて、他方には、神と人類のために悲しみを味わう人々がいる。そこで、神の心情は、ちょうど中間にあるのである。だから天国には、涙と悲しみに覆われた神の心情圏を通過することなしに行くことができないのである。その道を行く以外に、天国へ行く道はない。……

　では、その無限なる痛みの中にある神様を、何をもって慰めることができるのだろうか。誰が慰めることができるというのだろうか。そういう時にも、もし君たちが、神よりもっと多くの涙を流し、もっと深い悲しみを知った人であるならば、神は君の言葉に耳を傾けようとされるだろう。その時こそ、神様の胸をつかむようにして言うのである。「あなたの悲しみを、どうか私に味わわせてください」と。それが、神を君の慰めの言葉に耳を傾けようという思いにさせる、唯一の道である。そうすれば神は、君の言葉に耳を傾けられるばかりか、そういう君を抱き締めたいような気持ちにさえなられることだろう。

　今までのような悲しみの涙ではなく、神のために献身的に尽くしてくれた子供たちに対する感謝の涙を流したい、というのが神様の願いなのである。（一九七八・三・一）

②先生は神より以上、犠牲になりたい。十年、百年の蕩滅の道が残った場合には、一生涯にわたっても蕩減する。しかし、死んではいけない。自分は五体の一部を失ってもいいから、生命を残して蕩減の道を歩んでいく。それが子供の考えだ。それが報い

る道だということが分かる。そう考えるよ。親もそういう子供を迎えた場合には、骨肉が分離し、にじみ出るような涙を流すんだよ。だから、神様も流しているに違いない。……先生を泣かせ、神様を泣かせる場合には、泣いたより以上の悲惨な、悲哀な立場に立つ子供に対して、親は永遠に別れようとしても別れることはできない、という結論になっちゃうんだよ。

親孝行は、親を何遍も泣かすことだよ。そうだろう。なんでそんなにも、こういうような親に対して忠誠を尽くすかと思った時に、感謝の思いで親は泣くんだよ。親を泣かせる、それ以上の孝行者はいない。親を泣かせて初めて、日本的、世界的孝行者として立つことができるんだよ。（一九七一・八・二一）

3 神のみ意（こころ）が分かり、どうせこの道を行かなければならない。必勝の使命として行かなければならないんだったら、早く死んだほうが幸福であるというんですね。長い間苦労するよりも、早く死んだほうがいい。長い間苦労するよりは、真心を込めた、忠誠なる心をもって、重大なる問題に、世界的な問題に捧げてしまう。そして爆発する、それが堕落した人間としては素晴らしい立場である。先生はそう思う。（一九六七・六・一二）

4 どうせ行くんだったら、悩みながら、苦しみながら行くよりも、神に忠誠を尽くす最高の花盛りの時に、ぱっと行ったら、神のほうに行っても栄光の立場に立てる。それを知っているから、冒険をするんだ。

サーッと時が来た時には、バーンと飛び込む。そうすると神は、驚くよ。「待て、待てー」と言わざるを得ないよ。そういう体験をした者にとっては、自分とか、そんなものは問題にならない。そういう体験をしてこそ初めて、「神は我のためにある、天地創造は我がためにある」ということを切々に感ずるんだね。万民に追われながらも、そういう体験というものは、君たちには分からない。先生に最高の秘密があれば、そういう秘密だ。

神の六千年の胸の痛さを知って、神と泣きながら抱き合う。親と子が初めて通じ合った心情の基準は、先生しか知らない。それは、何ものをもっても打ち消すことができない。それがあってこそ、いかなる所へもみ旨のために行ける。死ぬ立場も問題ない。そのような体験が必要だね。天宙共に感動せざるを得ない。そういう立場に立つ。だから、神を何十遍以上泣かせ得る歴史がなければ、世界的復帰はできないという結論になる。そういうふうに考えてみれば、父母を泣かせ得る方法は何か。親孝行だ。（一九六七・六・一六）

5 神が栄誉とあらゆる良いものを与えてくださろうとする時、天の父にこう言うことができる。「お父様、あなたはすべての幸福と祝福を私に下さるとおっしゃいました。これらはみな私のものですね」。神はこう答えるであろう。「もちろんみな、お前のものだよ」。こうして初めて、何でも好きなことができる立場に立ち得る。そして自分に与えられた祝福をみな、他の人々に分かちたいと思って、「私が受けたものは全部、兄弟のものです」と言えば、神は一層喜ばれるに違いない。もしこのようにできるならば、最もふさわしい神の孝行息子、孝行娘になっているはずである。……

このような位置に立てば、天の父の心情を引き付けてやまないであろう。真実の神の愛を所有することができ、これがすべての中心点になるのである。このような神の息子が自分のもてるものをすべて人に与え尽くして無一文になっている時、神はこう言われるであろう。「私はお前のものである。お前には私がいる」……

この方法に従って自分の道を歩もうとすれば、神自ら降りてこられて共にいましてくださるであろう。どこに行っても神と出会うことができるのである。どんなに低い位置にいたとしても、神はこの人間に焦点を合わせて、どこにでも共にあってくださるに違いない。（「新天地」一九七四年六月号）

6 自分が辛（つら）い時、神が見た場合には、神も辛いんだよ。（「はい」）。自分が「神様、辛いです。たまり切れません」と言えば、それを神が見る時には、神も心配される。こういう立場に立って、もしも、その使命を放りっぱなしにしたら困る。そうでしょう。そういう悲しい言葉を吐いた時には、神は表現できないほどの心の痛みを感ずる。しかし、今にも死にそうな境遇に立って、誰一人も助ける者がない、神が助けざるを得ない、その境地に立っても、「神よ、何でもありません。自分のことは自分がします。神様、少しも心配ありません」。そのように慰めるような親孝行の者ならば、神は将来の世界、未来の世界すべてをその者にあげても惜しくない。そうだろう。こういう人には、世界のすべてのものをもってきて与えても惜しくない。だから、そのように神より認められる最高の、その時期はいつか。神から認められ、神の心情圏を占領し、神の代身となる。神を慰めるその孝行の心情は、完全に苦しみを感じないというんだね。喜びを感じる。神に完全に占領されて喜びを感じるというのは、心情界しかないという結論になるよ。心情界、これは他の世界にない。だから宇宙の主人である、万物を創造したその神を、いかに占領するか。物ではいけない。心情圏を通して完全に占領する道が、唯一の道である。それを突破しようとするのが統一教会の理想である。分かる？（「はい」）。分かる？（「はい」）。……

だから、この目的地まで行くには、君たちは、刺激の条件をどこから吸収するかというと、先生の今まで歩んできた、先生の生涯の道が力になる。「なぜ先生は、ああいうことをしたのか。なぜ先生は、そういうことをしたんだ」。先生のことを言っても、君たちには何の関係もない。そうだろう。先生は自分のことを言うだけなのに、なんで君たちは涙を流すのか、感激する必要もないじゃないか、と思うんだね。心も違う。しかし、分かるはずもない所にいた者が分かることができるのは、心情圏である。先生が今まで父母の愛と孝行の心情でずーっと歩んできた路程に対して、君たちが今まで辛い場面とか、苦しい場面とか涙ぐましい場面にあっても、自分の苦しみにとらわれず、神の苦しみを思いながら、孝行の心情で歩んできたその基準が、君たちの何よりの歴史的宝物である。日本において、君たちが今、統一教会の現実のまっただ中において、伝統の礎石を立てておく時代である。このようにして天が願う、最高の伝統的組織をいかに築くかということが、先生が一番心配する問題である。

先生が願い、多くの人が願うような、真なる人、万人がたたえる真なる人、万人共に、その心情圏に従わなければならないという人、その人によって、時間の差異はあるんだけれど、日本は発展する。分かる？（「はい」）。だから、そういうふうにして君たちがするならば、やりがいのある道が開かれている。（一九六七・六・二五）

第二節　真の子女としての先生

1、「先生はまだ神の前に真の息子だと言うことができない」

1今までの生涯を懸けてきた先生におきましては、平安とか安楽の思いをもつことができない。まだまだ成すべきことがある。夜であろうが、辛(つら)い立場に立とうが、それを乗り越えてなさなければならない使命の一点がいつも残っている。苦しみの立場を避けずして通らなければならない。苦労の道を通らないとすれば、それがサタンの起点になるかもしれない。生涯において、その一点をいかにサタンに奪われることなく勝利していくか、こういう切迫した思いで復帰の路程を行かなければならない。一瞬一秒でも安心することができない生涯の道であるということを、あなたたちも知らなければならない。さらに、歴史過程における数多くの先祖たちの忠誠の道をすべて連結させて、完成という名前を付けて神に捧げる使命がまだある。それをなし得なければ、歴史過程において犠牲になった人々を復活させることができない。しかし、今までなした基準では、彼らを復活させることができない。彼らの基準に立ってなし得た勝利の基準を認めてから、彼らを復活させることができる。だから、復帰の道は難しい。

先生は、神の前に真の子女として立ち得ているかどうかというと、まだまだその道を探っている。世界の目的をなし得るまでは、堕落圏が残っている以上は、真の息子であると自分ながら言うことができない。神が自分に対してそう言っても、自分は神の前に真の息子であると主張することはできない。まだまだ果たさなければならない多くの使命、戦わなければならない多くの戦いが残っている。だから、いかなる迫害が襲ってきても、感謝で迎える心情の基準を今までもっている。神の前に真なる子女になり得る、その基準まではまだまだ遠い。これをいかに短期間のうちに果たすかが先生としての使命である。こういう道を今まで開拓してきたし、これからも開拓していかなければならないのが先生の路程として残っている。では、いつ最後の基点をなし得るか。それは先生一人ではなされない。全体基準をいかにして連結するか、これが重大である。今まで六千年の歴史を通過してきた数多くの辛い復帰の路程より以上の辛さが先生のなすべき平面基準に残っている。（一九六九・四・二〇）

2統一教会に対する責任を担っているこの文先生も、言いたいことを全部言いながら暮らしているのでは決してない。祈りをするときも、「天の父よ……」と祈り始め、その後は物を言うことができず、そのまま夜を明かしてしまうことがいくらでもある。気が塞がることがあまりにも多いので、天の父に対して面目がなく、祈りができないからである。天の父に対して申し訳がないからである。

　ところが皆様方はあまりにもずうずうしい。自画自賛的な人がいるかと思えば、自己を宣伝するために汲々する人たちがいくらでもいる。困ったことだ。本当の孝子というものは何も語らず、黙々として自分の責任を全うし、そして父母の前では顔も上げられないという態度をとるものである。そうでなくては孝子となることはできない。もちろん、忠臣になれるものでもない。（一九七一・一二・五）

2、「先生は一人でも行く！」

1 先生は生涯を懸けて、神の行かれる道の前に障害となる悩み、苦しみがあったら、これを一身に背負って戦っていく。いかなる苦労の道も、いかなる迫害の道も、生死の境地に立っていく。誰一人助ける者がなくても、失望しない。たった一人、神を慰め得るものは我しかいない、という決意に徹して今まで戦ってきた。今もそうである。もし世界の人々が成さなくとも、我一人で成す！（一九六九・四・二〇）

2 先生は、皆さんに負けない。今も戦っている。……一人でも行く。君たちが休んでもいく。援助されなくても行く！（一九七三・七・八）

3神は私に、「休暇を取るように」と頼み続けているが、私は「それをもっとあとで取らせてください」と頼んでいる。（一九八一・二・一〇）

4今まで語った路程は、先生がたった一人で歩んだ寂しい孤独な道であった。共に行く友も、支える者も、理解する者もいない孤独な闘いを、先生は戦い抜いたのである。今まで共に歩んでも、本当に先生を理解できる者は誰もいなかった。

三十年前に韓国の古い食口(シック)たちに語ったことも、誰も本当には理解できなかった。彼らは、知的には分かったけれども、心情的には分かっていなかったのである。そして三十年後の今になって、先生の所に来てこう言うのである「先生が三十年前に言われたことが、今分かりました」と。

あなた方も同じことで、先生が今語っていることが、三十年後に実現されて、その時理解されるということも多いだろう。

今なお孤独な先生である。人間なら行きたいとは誰も思わない孤独の極限の道である。しかし神御自身がたった独りで、孤独な方であることをよく知っているがゆえに、先生は子として、責任をもってその使命を引き受けたのである。（一九七七・五・一）

5 苦難の道は避けられないものではなかったが、神のために、無条件に涙の道を選んだ。……（先生は）大志を、夢を抱きながら、しかし、それらをすべて自ら捨てて、いつの日かこういうふうに、という希望の扉のすべてを自らの手で閉じて、人生の最も悲惨なる道を選んだのである。ただ悲しい神の友になりたかったからである。（一九七七・五・一）

6 神様をこのまま身寄りのない孤独な神様としておくことはできないのです。私の手で復帰しなければならないのです。これが私の決意です。（一九九三・一・一）

7 何も分からないまま、父の前に訴えたその時に、静かに命じられたあなたの声が鮮やかに思い出されます。鼻歌を歌いながら幸福を感ずるその場よりも、涙と血を流す場で唇をかみつつ、お父様の前に誓ったその時間が懐かしく思われます。人間同士交流するその場よりも、追いに追われながらも天の因縁を誇ることのできる場が、懐かしく思われます。（一九六八・一一・一七）

第四章　苦難と試練の克服

序

1 信仰生活において、蕩減路程において、いつも問題になるのは、自分が自分を信ずることができない。だから自分が自分を信じられない者は、神自身が信じることができない。（一九七二・五・）

2 一番困難な時にいかに歩むかという哲学が確立しているか。（『祝福家庭と理想天国』〈I〉一九六ページ）

3 真の復帰の道は、決して安易な道ではありません。それは実に困難な道であります。先生に付いてくることも困難なことです。……復帰の業は困難です。……他のどんなことも復帰の業の難しさに比べたら簡単なものです。復帰という仕事だけは文先生にさえ難題です。（一九七七・五・一）

4 東京では全大原研に属する若者たちがいるだろう。まあ、三年ぐらいしたら、その中で何人残るかな。他の者は落ちても、自分はもう残るだろうと思うもの手を挙げて。（「はい」）。本当にそうかな。そうなったら、先生気持ちがちょっと悪くない。

この道を最初に出発した人たちは、随分苦労したよ。特に最初、女の人が苦労した。これは辛い道である。戦いの道である。そういう道をずっと開拓していかなければならない立場に立っている女としては、これはいろいろな十字架がある。十字架を背負い、険しい茨の道を越えていかなければならない立場にあった。それで、ある時聞いてみた。「いつまで先生に付いてこれますか」。すると「死んでも行くのは当然じゃありませんか」。これはもっともな言葉なんだよ。そして、たとえ屍の峠を越えても我は行く者になる、という話なんだ。「本当か、それは信じられない」と先生は言うんだね。その時は統一教会じゃないよ。先生につながる子女たちがいるとしても、その人たちはみな、迫害のまっただ中に立って、いつ落ちてしまうかもしれない。

韓国で一番高い山は白頭山という山だよ。その山の頂上に天池という池がある。この池がどのくらい広いかというと、周囲が十六キロもある。そして水がいっぱいたまっている。そこから流れ始めたのが、一つは豆満江になるよ。一つは鴨緑江になる。韓国の大河の二つになっている。

先生が追いに追われて、一番高い山である白頭山の天池のほとりに行って、山に畑を作って門徒を養った。土なしの丹石の上に畑を作って、そこに桃を植えて育てる、そういうような辛い運命に立ったとき、自分は先生を離れずして忠誠を尽くすと誓った女の人がいたよ。それを誓うだけの信ずべき内容と決心をもった女の人だよ。ある時、船に乗って風が吹き寄せ、いよいよ船は破船状態になって、船頭さんも、「これじゃおしまいだ、片づけてしまおう。決心しなさい」という最後の言葉を言う段階に入った。そうすると、間際になって、自分の生命を思い出してしまった。そうして、ある大きな船が通りかかったので、その船に救いを願い、その船によって救われて行ってしまった。先生は一人で破れかけの船を命懸けで守らなければならなかった。そういうふうに別れてしまった、ある女の人。まあ、それを思うとね、君たちの決心というのは、これは生易しいものである。それ以上の決心をするか？　その女の人は、それ以上の他の決心もみんな流れてしまった。そういう事実をこの目でよく見、この耳でよく聞いたよ。数多くの素晴らしい男や女たちが、先生の前を通り過ぎていった。見物するためじゃない、戦いのまっただ中に、誰にも負けないような責任をもって働いたこともある。しかし、初めは戦い続けるが、第二回、第三回、第四回……百回、千回、万回、十万回、百万回、千万回になるだろう。それを思うと気が違いそうになって、「ああ、こういう運命にもともと自分は生まれていなかったのに、統一教会というやっかいなものに引っ掛かって、こういう因果な結果になるのだろう」と、そう思わざるを得ないような立場になってしまう、というのが、すべての人間としての現実に即しての考え方じゃないかと思うんだよ。まあ、そのように思うと、君たちもそういう限界に入れれば、必ず例外ではないというのが事実であろう。そうじゃない？（「違います」）。何、いくら目を真ん丸く開けて答えてもそれは信じられない。

先生は多くの人に投げ出されて、多くの人々に反対されたよ。こんな運命の道を歩いてきた先生こそ、先生自身があんたたちをいかに信ずべきかというんだね。信ずるなら、何でそれを証明するか、何で証明するかっていうんだよ！（一九六七・七・六）

5 蕩減（とうげん）圏内において、死ぬような道に追いやられても信じるか。それを考えてみるんだよ。それでも信じる？（「はい」）。十年それが続いても信じる？（「はい」）。自信ないな。信じるという限界は、どの限界か。それを考えてみなければならない。いい気になって、先生が言ったら、「はい」と言う。では、どの限界で信じるか。自分たちは、最高点を決めて自分の不動なる立場を決定して、神に仕えようと。どういうことがあっても、私は仕えようと。しかし、もしも腕が一日に一つなくなり、また別な日に一つなくなっていく。君たちは、そういうことがあることを知らないというんだね。なぜかというと、蕩減の基準が、どういう基準であるか分からないだろう。体がそのようになっても信じる？（「はい」）。みんな切っちゃったら真ん丸くなっちゃう。（笑い）耳を切っちゃう。顔に出たもの、みんな切っちゃう。鼻を切っちゃう。それでも信じ

る？（「はい」）。そんなに信じて何するの？　信じて何するの？　何するんだい。信じて？（「永遠の生命を……」）。（笑い）

どういう圏まで、我は信じていくか。一瞬間に首をパッと切るのは簡単である。それを考える。もしも、君たちに向かって先生が、「ああ、この野郎たち、みんな黙れ。ああ、我一人、力が足りないから、みんな、君たち来て、援助せい」とすれば、どうするの？　君たちは。どうする？（「行きます」）。自信ないじゃないか。そうなったらどうする？　先生はずーっと、だますんじゃないか。普通の人なら、そうならざるを得ない。そう考えられる。だから、信じられるような言葉を言われて信じるんじゃないよ。親孝行の道は、忠孝の道は、信じられない基準においても忠孝をなし得る。正反対のような場面はいくらでもある。み旨の道を行こうとしても、三分の二以上は、願わなくてもやるべき場面が多いというんだね。神のために孝の道を、いかにして歩むかということは、簡単じゃない。それは、蕩滅(とうげん)という問題がある。

すべての、あらゆる歴史過程におきまして、悲惨な歴史が今まで続いてきた。それを蕩滅するには、誰よりも悲惨な立場において、祭物にならなければならない。それは知っているだろう？（「はい」）。自分を見たら顔もこういうような顔だし、何から見ても自分は、日本におきましては、指折りの圏内に入る。こういう者には、蕩滅条件は神からも命ぜられないだろう、と思う者がいるんだね。サタンは、そういう者を認めないよ。

例えば、東大を卒業した、そういう者たちが統一教会に入ってきた場合には、一番どん底に追いやって、そこにおいて歴史的蕩滅条件を立たせる。サタンも、そういう人を狙うんだよ。日本で一番望みをもつような、そういう人たちを狙うよ、サタンも。社会的に見ても、あがめるような人たちに試練をしたがる。分かる？（「はい」）。分かる？（「はい」）。だから天のみ旨のために、日本の救いを全うするため、我々は闘わなければならない。そういうことを考えるんだね。そういうことを考えなければ、統一教会の将来はない。そして、日本が、あらゆる国に連絡させて、復帰の蕩滅をなすというんだね。それは条件的にでも、そういうようにしなければならない。分かるだろう。（「はい」）。先生がどういうことをやるかといったら、先生がやることを君たちに分担させてやらせるかもしれない。それでいいの？（「はい」）。決心しなけりゃならない。いつもそういう使命を果たしておった者が、いつ神に反逆するか分からない。

顔つきのいい女は、誘惑される確率が八〇パーセント近いというんだね。男もそうだね。我々の行くべき路程におきましては、いつもサタンの試練があるんだよ。だからそれに引っ掛からないという決心をして、そして覚悟を決めて行かなければならない。そうでなければこの道を全うしていくことができない。分かる？（「はい」）。こ

ういうことを言わなくても、いずれ君たちは行かなければならない。（一九六七・六・二五）

第一節　外的な苦難と試練

1、受難や迫害の場合

1 自分の愛する者を打って怨讐の子供たちを救うのが、神の愛の摂理である。だから神は愛だよ。神が自分に忠誠を尽くす者だけを愛するならば、世界は絶対救われない。神は敵の子供のために、自分に忠誠を尽くす僕とか養子たちをみな、死の境地、血を流すような境地に落として、彼らが犠牲になることによって三倍以上の収穫を目的として世の中の人を救っていく。だからキリスト教は、今まで殉教の血統を引き継いでいる。いかなる国にでも、キリスト教は血を流さずして布教されたためしはない。善なる立場の子供たちが犠牲になることによって、逆にその国に基盤をつくる。だから今までの歴史で、善人で踏まれなかった人はない。追われなかった人はない。歴史が過ぎてから、あの人は良かったとたたえられる。

孔子も釈迦もイエスも、そうだった。みんな社会の邪魔者とされ、国家の反動者というような肩書きで、はりつけにされたりして死んでいったんだよ。神に近寄った善なる人間で、この悪の世界に歓迎された人は一人もいない。歓迎されるのは悪人であって善人ではない。統一教会は善の立場に立っているから迫害を受けるのは当然である。それを嫌に思うなら、ここへ来る必要はないよ。しかし、追われて、踏まれてきた者の願いの国は来る。必ず来る。その国が我々の願う地上天国なんだよ。

先生は、統一教会の兄姉たちを実に愛する。しかし、どういうふうに愛するか。それが問題だよ。神が今まで人間に対してきたように愛さなければならない。あなたたちをなでながらかわいがる、そういうふうにすることはできない。瀕死の境地にあなたたちを追い出して、サタン側の子供たちを連れてこさせる。考えればかわいそうだよ。でも、神の愛はそういうふうになっているよ。この方法を見せられた人間は、誰も反対することができない。例えば、自分の子供とよその子供がけんかした。見たら二人とも悪いという場合、お母さんが出てきて、「何です、あなたの子供は私の子供を殴って……」というふうにすると、周りの人たちは、「あの女はちょっとどうか」と言うよ。しかし、そういう場合、自分の子供には「お前はなぜそんなことするの、悪い子だね！」と言って、よその子供には「ごめんなさい」と言ったとしたら、向こうの親は、「いや、うちの子供が悪いんです。すみませんでした」と言うよ。完全に心情を勝利するにはそれしかないんだ。そういう戦法でもって勝利した世界でなくては、天国は絶対来ない。刀を抜いて打った者は、また打たれるようになるから、平和になれない。それは天の法則だね。だから、こういうふうにして世界的基盤をつくる統一教会を、誰も侵害することはできない。だから神の戦法は、殴られて占領する戦法だよ。怨讐(おんしゅう)が自然屈伏する戦法は、これ以外何一つない。先生も日本帝国時代には、牢屋に入れられて殺されるほどの拷問を日本の刑事から受けたよ。血みどろの、思えば身震いするような民族間の憎しみがあるんだよ。しかし、それが問題ではない。神が打たれて復帰してゆくのであるから、打たれるほうに立つ者が善に立つ者である。打つほうは善ではない。（一九六七・七・一二）

2 私は、あなた方がしばしば屈辱感を感じていることをよく知っています。前線で活動している時には、「なぜ自分はこんなことをしているのだろう」と思うことも時々あるでしょうし、時には人々からあなた方がひどく屈辱的な扱いを受けているということも私は知っています。しかし、そういうことを知っていてもなお、あなた方にそういう立場でやってもらっているのは、それがあなた方にとって良き訓練となる、と私は思うからです。これらの体験を通してあなた方は、いかにして人々を判別するか、人の見方を知るべきです。

前線での活動の場では、非常に冷淡で、あなた方をこの上もなく惨めな気持ちにさせる人々を含めて、あらゆる極端な人間に会うことができます。しかし、また一方では、あなた方に感謝の意を表し、「この国には、もっとあなた方のような人々が必要だ」と勇気づけてくれる人々にも会うことができるはずです。では、温かい人と冷たい人との、どちらにまつわる記憶がより多く残っているでしょうか。

もしあなた方が、善い人にばかり出会っていたとするならば、あなた方には善い人の真の価値が分からないかもしれません。両極端の人間に会った体験があると、ふと神のような心の人に出会った時には、我知らず頬を涙がつたっていくほど、深く感動するようになるのです。いつも、神はその人のような方だ、と思えばいいのです。そのように人々を通して神に出会うことができるのです。

あなた方を迫害する冷酷な人がいた時、それでもその人に向かって怒鳴り返すのではなく、涙をもって神の祝福が彼の上にもあるように祈ってあげるとしたら、神はあなたに同情し、祝福してくださることでしょう。自分自身が常に祈りに満ちて歩むことによって、あなた方は、神の胸に近づいていくことができるのです。そうすれば、神が、「私の子よ、お前は真に私の子だ、私はお前を抱き締めながら、いつもお前と共にいる」とささやかれるのを聞くことができるでしょう。（一九七八・一・八）

③すべての困難を自分一人で受けていると思うな。神様と共に受けていると思いなさ

い。（『祝福家庭と理想天国』〈Ⅰ〉三五五ページ）

4 ぶつかることを嫌がってはいけない。（『祝福家庭と理想天国』〈Ⅰ〉三四九ページ）

5 試練と闘争を恐れる者には使命を授けることができない。（『祝福家庭と理想天国』〈1〉一九〇ページ）

6 み旨の道は神を背負って、果てしなく遠い目的地に向かって、首まで漬かる水の中を渡っていくのと同じである。ここで私が溺れれば神のみ旨は覆ってしまう。（『祝福家庭と理想天国』〈Ⅰ〉一〇八ページ）

2、教会の基盤ができ迫害がなくなり、物質的にも豊かになり出した時の試練の場合

1 先生は伝統と基準が立つようになるまでにお金がもうかるのが心配である。（『祝福家庭と理想天国』〈Ⅰ〉一八〇ページ）

2 お金にばかり頼って暮らせば、享楽に流れていってしまいます。男女間の乱雑な愛

の関係をつくり出していきます。それで滅んでいくのです。（二〇〇七・六・一三）

3お金に売られて歩いてはいけない。思想的な伝統を立てておいて人を復帰したのちには、物質がついてくるようになっている。（『祝福家庭と理想天国』〈I〉一七九ページ）

第二節　内的な苦難と試練

1、天の願いがいつも厳しい、という場合

1もし皆さんが一見、実行可能に見えることを一つずつやっていくのでは、世界を復帰するのに何千年もかかるだろう。先生が普通ではとても不可能に見えることを命じなければならないのは、このためである。（一九七四・一・一）

2あなたたちは、このことに関する神の摂理を知らない。世界情勢にも急激な変化が起こっているが、あなたたちは、これらを神のみ意(こころ)に沿って理解することができない。

起こっている様々な問題も、外的世界情勢は内的摂理である神のみ旨を中心として

起こっているということである。これらのこともあなたたちは知らない。先生はこれらのことを知っているから、あなたたちを神のみ旨に沿って導かなければならない。（一九七四・二・二八）

3 皆さんにここで、天国についてどんな話をしても皆さんには実感が湧かないと思います。なぜなら、自分なりにしか考えることができないからです。……それゆえに、皆さんはこの道に来てどれだけ信じていくか、ということが問題だということを知らなければなりません。（一九七三・一・一）

4 できないといって避けるな。できないからもっとやる、というんだね。問題があるからこそ自分が必要であって、問題のないところに自分は必要ない。そう思う者は発展するんだよ。そう思う者には、神様は希望をもつよ。（一九七五・九・一八）

5 仕方ないからやれないという立場に立つよりも、仕方ないながらもやるんだよ。その仕方ない部門には、いくらでも成功の道があるし、いくらでも善の道もあるし、いくらでもそれは世界的な道も開かれる。だから人間は限界を立たせてはいけない。それによって、我々はひょろひょろした者が太い人になる。前だけしか知らなかった者

が後ろを見るようになる。（一九七二・四・二三）

6 罪があるからといって嘆くな！　自分が及ばざるといって嘆息するな。及ばざる者でも、投入して犠牲になるようにその道をたどっていったならば、それが充満した場合には花が咲くんだね。その花が咲いた場合には、神様は降臨して踊ってくれる。（一九七三・一一・一八）

7 神様は、どういう人を探すかと言うならば、結局、「すべてに対して自分が責任をもつんだ」という人を探しているのである。「自分は罪深い立場の者であるけれども、今から責任をもつような人間になります」と言えば、神様は「いけない」などとは言わないよ。

あんたたちはどう？　今からでもいい。今からでもいい。どんなに過去の罪が多くてもね。「今から間違いなく、全世界の責任を自分がもつ」と言えば、神様は、「うん、やれ！」と言う。そして、それを願っているのである、それを。（一九七五・三・九）

8 統一教会の歩むべき道は、決して平坦（へいたん）なものではありません。誰も想像もできないほどの奇跡を通して、勝利しなければならない我々の運命であるということを、皆様

がはっきり自覚しなければならないのです。（一九七〇・九・二七）

⑨何事をするにおいても、神と誓った基準は必ず解決するような、そういう毎日の生活をやっていけば絶対しくじらない。そうなるには戦いだよ、これは。サタンはわざと試すために、反発させる時がたくさんあるんだよ。（一九七〇・一一・二六）

⑩み旨のために本当にやるかどうか考えなければならない。自分は本当にやるんだという決意もしないでやっていたら、そういう者は流れてしまうんだ。本当にみ旨のためにやるか。「本当かどうか分からないけど、先に入ってきた者がやるから仕方なしにやるんだ」。それは仕方なしに後退してしまうよ。だから、目的観念を徹底化する、これが問題だよ。いかに生活圏内に、目的観念の結果の喜びを、毎日の刺激としても ち出して開拓していくかという問題が、重大な問題である。（一九七〇・一一・二六）

⑪蕩滅(とうげん)の路程は、自分が自分と対決して、自分が自分を信ずるような立場に立っていくところに蕩滅の道は生まれてくる。……神は、いつも最後の直前に達する時には、いつも孤独な立場に立たせる。それが原則である。……神は必ず、いかなる方法でもってしても教えてくれる。あるいは夢とか、あるいは人を通してでも、あるいは動物を

通してでも、暗示作用としてでも分かるようになっている。そういうような生活態度を体験していけば、それは間違いなく蕩滅の道をたどって発展していくことができる。これを忘れてはならないということを、あなたたちに言っておきたい。（一九七二・五・）

⑫何事を成すにも蕩滅だと思って真剣にやる。その仕事の中に自分が蕩滅を越えるかも分からないんだから、すべては真剣にやる。人が見ても、見なくとも、それは関係ない。世の中には、十人の人が働けば監督者がいて、やるか、やらないかと監督するんだけれども、我々においては必要ない。監督されるほうが、かえって気持ちが悪い。それで、人が見ても見ていなくても神と一対一によって報告しながら、一歩一歩前進する価値を自分なりに積み重ねていく、というような生活態度が必要ですよ。そういうように行く者は、決して堕落とか、あるいは絶望とか、そういう立場に絶対落ちない。先生が経験によって、霊界の原理原則によってこれは間違いないということを知らせておきますから、このことだけは忘れないで、守ってもらいたい。（一九七二・五）

⑬勝利というものは、過程において決まるものではなく、出発の時の内的基準によって決定された結果が現れてくるのが勝利である。（一九六九・二・二）

⑭動機がないのに結果があるはずはない。先生を慕うということがあるが、それは、ただそうするのではない。思慕することのできる動機の実体がある。植えることをしないで収穫を得ることができるか。主体と対象は必ず相応ずるようになっているのに、その動機が完全であれば、その結果は完全なものである。だから生命を懸けて、生命の動機をもたなければならない。（一九七一・三・一四）

⑮あんたたちは、「もうできない」と言う。できるかできないかは死ぬまでやってみてから結論すべきことだよ。（一九七二・九・一一）

⑯完全投入せずして、完全なる結果を願うところにおいて失敗が生じてくる。（一九七三・一一・一八）

⑰完全否認により完全再創造が可能である。だから、信仰生活においては文句を言うな。（一九七二・九・一一）

⑱周りの人間が不平を言っていても、不平を言うな。（一九七四・一・一）

⑲不平を言うのは、神の責めることだ。恩返ししなければならない人間の立場であるにもかかわらず、神に対してそういうことを言う立場には絶対立つことのできないのが、我々人間である。先生の今までの生涯がそうだよ。獄中に入れられても、拷問で血をはき出すような立場に立っても不平を言う男にはなりません。世界すべてが反対しても、サタン圏と縁が切れると思えば、ありがたいものだよ。怨讐(おんしゅう)圏がある場合には、一周するまで反対されるのが当然の道だよ。不平を言うな。感謝せよ。黙々と行かなければならない。（一九七二・九・一一）

⑳神が存在し、私自身の決意が変わらぬ以上は、私がやったならば、それだけ努力したならば、必ず成功するんだ、という思いをもっています。……神様も、もうこれ以上できないというところまでやってから来られるのです。……忍耐とか克服とかは誰がするか。自分がやるのです。自分がやるのであって、他人がやってはくれません。これだけは、はっきり言っておきますが、何もしないで、祈りだけやっていればいい、という神様ではありません。一〇〇パーセント働き掛けた立場において祈るならば、神様は働いてくださるのであって、九〇パーセント、八〇パーセントくらいやって、どんなに祈っても、神は働いてはくれません。（一九七五・二・二三）

㉑もし、ある期間内にその基準を果たすことができなかったら、その時になって不平を言っても、恨み言を言っても、どうしようもありません。……こうして一つになっていけば、神様は、私たちの生命を懸けた誠意を知って摂理することができるのです。辛(つら)いとか、無理だとか不平を言う余裕もないのです。私自身もそうです。今朝は三時前から起きて、計画を立てたり、組織したりしてきました。寝る前から頭が痛くても我慢し、いろいろなことを思って気を張り詰めています。そうかといって、頭の痛いことを誰にも話せないし、そういう素振りもできません。……あなた方にも苦労をさせるのは、済まないと思っています。しかし、今の済まないことより、その時になって済まない立場になった場合を考えると、それが恐ろしいのです。（一九七六・一〇・五）

㉒絶対できないことを成してしまったことが、先生の楽しかった思い出の一つである。（一九七二・四・二三）

2、み旨に疲れをおぼえ、くたびれてしまう場合

①我々が信仰生活を歩む時、くたびれた場合に、前で引っ張ってやったり、後ろから押してやったりする。そういうような環境を間違いなく保っていくならば、その目的

に向かっていくのに、そう難しくはないんだね。自分一人でその目的をなしていくというのは、これは、人間というのは朝夕に心が違ってくるのだから、考え方によって違ってくるし、過去・現在・未来あるいは青年の時、壮年の時、その時によって違ってくるんだね。だから、信仰生活という、生涯を懸けてすべてを乗り越えるというような、そういう道を行かなければ、自分の正しい生来の目的地に達することはできないのが信仰生活の中心点だから、それを乗り越えるには、自分一人ではできないんだね。

それから、目的といっても、はっきりした、科学的に、実証的に我々が感じられる相対圏じゃないんだね。だから、ある時は、あるようであるけれど、ないようでもある。そういうような観念的な目的基準に向かっていくのは、非常に難しい道であるというんだね。

だから、こういう道を間違いなく行くには、自分一人では行けない。そのためには、信仰の友達とかが必要である。自分の事情をいつも連絡して、こういうような立場の現状を、いかに打破していくかということを相談し得る、あるいは先生とかね。そういう関係の基準を保てるならば、それは正しく行ける。また先輩がいて、こういう時にはこういうふうに解決できる、というふうに直接関係をもって教えてくれればね。そうこ一つ一つそれは乗り越えることはできるのだけれど、そういう環境をもたなければ非常に難しいんだね。

　また、神を信じていても、神は存在するんだけれど、実感的にはこないんだね。これをいかにして体恤（たいじゅつ）するかということは、非常に問題なんだね。いったい、神と関係をもつ基準はどこかという。どこで、もち得るや。聖書を読むならば、聖書の中で関係をもち得るかというと、そうでもない。だから、聖書の中で神と因縁をもたせられなかったらどうするかというと、結局、祈祷という問題になる。真心を尽くして、自分のすべての忠誠を尽くして、ある目的とともに、それをつながせる神の存在をいかに体恤させるかというと、祈り、祈りしかないのです。祈りが非常に重要な問題になってくるよ。

　あんたたちの先輩がいるといっても、指導し得る歴史的勝利基準をもっている者はいない。みんな、これから開発していくというんだね。そういう場合に、自分の毎日の信仰生活の刺激をどこで補給するか。人間が御飯を食べてエネルギーを補給するのと同様に、霊的エネルギー、霊的刺激をどこで補給するのか。考えてみた場合に、原理の本を研究することも、一部にはあろうね。しかし、真理の基準は、その目的観念に徹し得るその理解の基準を開拓していくとなると、心情の基準とは通じないところがあるんだね。その基準を心情基準にまでつながらせるには、やっぱり深い祈りが問題。だから霊的体験が必要だという問題になってくるんだね。

信仰の道は、その都度、その都度において神によって得られ、刺激されるような道であるから、絶対的に自信をもつことはなかなか難しい。毎日、消耗ばかりしている。まあ、根がないような立場に立っているということを、自分がつくづく感じるということがたくさんある。信仰生活する者のむなしさと言おうか、そういうのがあるんだよ。そういう時であればこそ、祈りが必要になってくる。だからイエス様にしても、いつも祈ったのだろうね。

静かな所へ行って、自分の行くべき目的に対し、あるいは毎日の出来事に関して霊界からの指示、どういう方向に進んだならば、どういう結果になるという予感的な基台に立ってこそ初めて強いんだよ。

だから、信仰者の立っている基準から見た場合、どこから力を得られるかというと、原理とか教えね。指導される関係から刺激を受けるとともに、それ以外には、祈りの他はない。あんたたち、祈りというものが分からないわけだろう。祈りの世界に入ってこそ初めて信仰生活の味を知る。祈りの世界の背後には、神秘的な立体世界が続いている。平面的な自分の感覚を超越した、立体的な感覚の世界が存在するということを、つくづく感じるんだね。だから、それを自分たちが育てていかなければならない。

（一九七四・二・七）

②先生がいてこういう関係をもって指導している時は、問題ないんだけれど、先生の話を聞いて燃やされて帰っていくと、一週間くらいでまた、だらーっとなってしまう。それを繰り返している。あんたたちは、もやしと同じだね。水を掛けずにおけばみんな流れてしまうけれど、水を掛けてやれば成長する。これと同じだよ。みんな、自分の生命力としてためて、根となり幹となり枝となる。そういうふうになればいいのだけれど、みんな流れていくんだよ。しかし、流れていくところに新しい発展の自分の基準が見いだされる。流れていっても、それを乗り切る時ごとに成長していくんだね。こういうような繰り返しの人生の生活が必要だよ。

あんたたちは、いつも考えなければならないのは、周囲との関係だよ。関係が必要だよ。人間は、心情的に欠けた場合は寂しいんだよ。これをどこで補給するかというと、食口（シック）たちを通してだよ。だから、あなた方に食口たちは絶対に必要だよ。自分たちに力なき場合には、食口たちが信仰生活をやっているのを見れば、ある時には霊界から教えられる。そして自分を訪ねてきて報告する。心に燃えて霊的に燃えて報告する。その報告は、君たちの何よりも貴い時間だよ。その時は、いくら自分が責任者であっても、その報告してくれる者は、日々の生活をしていくうえでのメシヤと思え。その報告は、神が自分を刺激するために授けたわけである。だから、その報告をその者の報告と思ったら大間違いだ。それは自分の身代わりの証をしている。そういう関係が必要だよ。だからそういう関係を結んでいれば、食口たちが恋しくなってくるよ。慕うのである。早く来ないか。自分ながら下の食口たちを慕う心をもつようになる。自分が心霊状態が落ちた場合には、必ずそういうのがやって来ることになっているよ。なぜかというと、宇宙は相対的関係において補助作用をなすようになっているから、正しい立場に立った場合には、すぐにやって来る。正しくない立場に立った場合には、滅ぼす者がやって来る。正しい立場に立った場合には、必ず助けがやって来る。それは宇宙の原則だよ。原理の観なんだよ。（一九七四・二・七）

3、神からも人からも捨てられたような場合

1時たま、こういう時もあるんだよ。祈りなんかしても、ある時は一週間、祈ろうとしても祈れないことがあるんだよ。あるいは一カ月、あるいは半年以上もそういう時があるよ。必ず、そういうような長い期間に、自分ながらもみ合うような時があるんだよ。その期間も悪くないというんだよ。そういう期間が長ければ長いほど、神の恵みも必ず大きく訪ねてくる。すべてが、上下関係、左右関係の立場で、神の恵みは我々人間にたどってくるんだよ。

だから、もし寂しい時期が来たとしても、力が出ないような基準があるとして、そ

こで落胆したりしてはいけない。そういう期間があるからこそ、谷を越えることができるんだね。そこには神も干渉できない、サタンも干渉できない、自分一人でやっていかなければならない、そういう期間があるんだよ。暗礁地帯みたいな、そういう期間が。腹いっぱい力を出そうとしても出せない。神に自分は捨てられてしまったような思いがする。神がいるかいないか思いもつかない時があるんだよ。そういう時をいかにして乗り越えるか。

過去の、神によって祝福された恵みに対して、蜜に酔った時のような、その喜ばしい心持ち、それが必要だよ。過去の自分をこういうように守ってくださった神は、愛する自分の親である。わしは間違いなく神の子供である。いかなる曲線をたどっても、結局は愛の目的の立場に神は我を立たせる。その問題は間違いない。こういうような過程を通過させるのも、我にもっと大きい何かを悟らせる、あるものがあるから、こういう期間を自分に下さるのであって、自分の行くべき道を塞ぐために、神はこういう寂しい立場に立たしておくんじゃない。そういう立場に立てば立つほど、今まで神共に我を守り、励ましてくれた、そういう基準を中心として、間違いなく神は自分を愛している、という信仰でもって乗り越えなければならない。誰が何と言おうと、この期間は克服するんだね。誰も頼りにできない。自分で存在を認められないような立場に落ち込んだとしても、絶対に落胆してはいけない。

そういう時に、過去において自分を神が守ってくださった経験から見て、愛する自分の子供をこういう立場に立たせた神自体は、非常に苦悶（くもん）しているに違いないというんだね。そうだろう。親は子供が苦悩の立場に陥った時、その子供を見て、あるいは知って、これはもう苦悩の立場に立たざるを得ないと同じ位置なんだ。まあ、そういう時になればなるほど、神は我々をもっと愛したい心が内心には高まっている。しかし、立場がこうだから愛することができない。しかし、これさえ抜け出れば、必ず神の愛は自分にたどってくる。そういうふうにして信仰で乗り越える。そして乗り越えていった場合には、必ず大きい恵みにつながるんだね。こういう体験を、あんたたちは何回かすれば、いかに寂しい所でも、孤独な立場でも、絶対、み旨に対して疑ったり、行くべき道に対して思案したり、そういうことはあり得ないというんだね。（一九七〇・一一・二六）

2 サタン世界で苦労をすれば災いであるが、神様の世界で苦労をすれば恵みである。（『祝福家庭と理想天国』〈I〉二〇〇ページ）

3 分かってくれることを望むな。苦労を密室に貯蔵しておきなさい。（『祝福家庭と理想天国』〈I〉一九九ページ）

4 苦労しなさい。死なずに、くたびれずに。（『祝福家庭と理想天国』〈Ⅰ〉二〇〇ページ）

5 我々は楽をするために入ったのではない。……神様の十字架を相続するために集った群れである。（『祝福家庭と理想天国』〈Ⅰ〉一九七ページ）

6 自分が苦労の道にいる時は、泣いたり騒いだりするな。生きておられる神様は話を伝えなくとも、私が置かれている立場をあまりにもよく御存じだからである。（『祝福家庭と理想天国』〈Ⅰ〉二〇一ページ）

7 君たちは時々、自分は孤独だと感じることはないの？　誰も自分のことを分かってくれない。家庭からも反対され、教会のメンバーたちさえも、自分に同情してくれない。先生も自分のことは分かってくれない。そしてさらには、神様からも愛されていないのではないかと思うくらい、孤独で寂しいと思う時があるだろう。そのような時こそ、信仰が試される時だ。他人から何と言われようと、他人が何と思おうと、決して諦めることなく、自分が正しいと信じる道を歩み続けると決意するならば、その瞬間、君たちは信仰者として最高の基準に到達することができる。その基準に到達した時に、神様は無条件で君たちを信頼することができる。そして君たちは飛躍的に発展することができる。だから孤独の時、寂しい時こそ神様のことを思いなさい。神様を信じて、決して希望を失わないこと、これが信仰者にとって大切なことである。

苦難に直面した時、たとえ自分の身が死んでもこの道を行くという決意と勇気をもちなさい。君たちは死ぬのは惨めだと思うかもしれない。しかし神様のみ旨のために死ぬことは、決して惨めではない。それは、敗北ではなく勝利なのである。全霊界が君たちを英雄として歓迎するだろう。なぜか。それは蕩減(とうげん)復帰の法則からいって当然のことである。君たちは、神様のためにすべてを捨てた。愛する父母や兄弟姉妹、学校、職場、すべてをみ旨のために捨ててきた。だから神様はこのような君たちに対して、すべてを与えようとされるのである。それが蕩減復帰の法則である。分かる？先生は正にこのような道を進んできた。（一九七七・六・一七）

8 先生はまあ、死んではいないんだけれど、何十、何百、何千、何万というような死の境地を中心として願い、戦った。その時は何を残すか。いくらでかいことを言っても、その境をいかに通過するか。ああいうふうか、またこういうふうか、直行するか。直行するよりも神のみ旨に効果がある場合には、こういうふうにも行ける。しかし、それがマイナスになった場合には、目をつぶって行く。それには何の思いもたず、ただ一念で行く。

それで、ああと泣き顔をしながら、辛いと。イエス様がそうだろう、カルバリの山頂に向かって、十字架を抱えつつ、追いに追われて行くその道端には、まあ、母さんとか、自分の弟子や、いろいろな心情的引っ掛かりが残っている。それを考えれば悲しい、その道である。しかし、イエス様自体、自分がこういうような惨めになっていくんだけれど、これは神のみ旨で十字架を背負って仕方なく行くのであって、あんたたちも「仕方がない方法でやってくれ」とは、絶対言わない。それで、堂々と、永遠の運命の道と思って、神にまともに向かいつつ慎重な態度で行ったので、イエス様が万民の救い主に至る権威に立たれた。その基準を、我々は忘れてはならない。

それ自体辛いとしても、辛いという思いをもつな。あるいは苦しくても、苦しいという思いをもつな。自分に関してつながっているその苦労の件に対しては、絶対に祈るな、祈るな。それを考えてみなさい。神は今まで、六千年の歴史を引き継ぎながら、いかなる苦労があったであろうか。その苦労を今まで、誰に訴えることができたであろうか。一人もいない！　あれやこれや積み重ねた、山ほどの、口先などで言い表せない、その痛みの心中の堆積物はどれだけであろうか。これを思った時、我、自分の何十年の生涯を過ごしたそのことが、辛いとして、神の前に、「こういうお方の前にこんなに苦しむことがありますが、どうぞ助けてくださいまして、どうかしてこの環境から逃がしてくださいと祈れるか。先生は、そうしない。そういう時は、絶対祈れない。自分に直結する問題であったならば、自分と直接の問題であったならば、それが自分の家庭に終結する問題であったなら、絶対祈らない。

関係をもっても、国家的、世界的内容の関係であったら、それは祈るのであって、自分のことに対しては、それは神が心配してくれる。いくら自分が問題を抱えて心配しても、解決するその力がない者が心配するのであって、愚かなことである。それは神に任せた！　我々は来るべきものを、自分の運命として、喜びに迎えていくことができるか、それ自体が問題であって、それを神に背負ってもらって解決するよう願う者になってはいけない。それは孝行息子じゃない。だから神に近寄る道は、誰よりも神のために自分を忘れて苦労することである。その神のために苦労するというのは、自分を忘れて日本を愛する神のためである。日本を忘れて世界を愛する神のためである。ゆえに我々は、世界を忘れて神直接に侍るために自分は苦労する、というような立場に立ってこそ神と一体化する。（一九六九・二・三）

⑨だから急ぐな！　苦労の道を急いだら逃げ口しか見えない。十字架の道において急いだならば、それは後退の道しか見えないんだね。その道が千年続いても我は行く、そういう変わらない確固たる基準を自分自体、自分の足場のもとに、いかにそれを正

しているや否や。そういう問題を中心として心配しないといけない。自分一人が誤るのは問題じゃない。自分一人滅びればいい。しかし自分のために関係しているあらゆる多くのその生命が引っ掛かっている。嫌でも、これを克服しなきゃならない。それを考えてみなさいよ。（一九六七・六・二三）

第五章

天一国創建のための真の父母と祝福家庭の使命と役割

第一節　人類の真の父母の使命と役割

1、メシヤの使命と役割

1 メシヤは……神様の愛と一致した位置において真理を語られるのです。さらには真なる行動をしますが、愛を動機として行動するのです。その生活は規制に従って形式的に行われるのではなく、神様の真の基準において生きるのです。

世界の救済に際しても、この世的な政略や手段方法によるのではなく、神様の真の愛を中心として救おうとするのです。そのような方がまさしくメシヤなのです。（一九八一・五・一〇）

2 サタン世界の偽りの父母の愛で始まったすべてが終わりになり、新しい真の父母の愛を中心とした新しい世界になるのです。（『真の父母』光言社版、三七〇ページ）

3 神様が私をこのように育てたのと同様に、私も皆さんをそのように育てるべき責任があります。（『真の父母』光言社版、二五三ページ）

④父の腹中にいる時に感じた愛の恩恵を感じて、お母様を愛し侍り得ることによって再度お母様と因縁を結んだので、初めてそのお母様の愛の因縁と連結させて出生できるのです。（一九七〇・一〇・一九）『祝福家庭と理想天国』〈Ⅰ〉七一五ページ）

⑤皆さんは、真の父母の骨髄の中から心情的に接ぎ木されるのです。それをもって、真のお母様の腹中を通じて本然のアダムとエバの立場で生まれたという条件を立てるのです。（一九六九・一一・一〇）

⑥一人が世界のすべての罪、多くの世界が犯した罪、あるいは一国が犯した罪、あるいは氏族が犯した罪、全家族が犯した罪、全個人が犯した罪、すべてを自分が責任をもつ……こういう人間が必要。（一九七五・七・一三）

⑦蕩減の道が残っています。しかし、先生がすべての道に大通りを築いておきました。皆さんの家庭が、すべてこの道を越えていかなければならないのですが、先生が代表的にして、サタン世界のすべてのものに高速道路を築いておいたので、真の父母を絶対信仰、絶対愛、絶対服従できる一体的心情圏を通じれば、先生のあとに接ぎ木され

て、先生が開拓した道を自由に越えていくことができます。（一九九七・四・一六）

⑧ある時には、一人なりに神に対して逆らったことがあるんであります。一人の男として生まれて、こういうような天地の秘密の内容を暴露することによって、世界は動揺し、自分の一生がめちゃくちゃになる。この道以外に収める道はないのですか、と何回も拒否した立場がある。しかし神は、「君が責任をもたなければ誰かがしなければならない。誰かがしなければならない」と。それで奮起して三十余年の歴史を費やしてまだ果たされていないこの道に、戦いを、その合戦を続けていかなければならない、そういう立場に立っている。それがどうして落胆するでありましょう。「雄々しく、貴く、貴く、目的に向かって、神のために進んでいこう」、その決意は、日が変わろうとも、年が変わろうとも、頭の毛が白くなろうとも、その心情は変わりません。（一九七五・二・一三、日本武道館）

⑨天宙復帰のこの問題を解決するには、数多くの淵（ふち）が我々の周囲に広がっている。これをいかにして埋めるか。先生は寝ても起きても、こればかり心配している。（一九六五・一・二八）

2、贖罪主(しょくざい)としてのメシヤ

[1] そういうふうにするには、歴史的犠牲になってすべての罪を我が背負い、現世のあらゆる国のすべての罪を我が担い、あるいは後世に残す、子孫に残すべき未来の罪まで我が背負って神のみ前に立って捧げものとなり得るような、いわゆるイエス様が十字架につけられたような、身代わりになるような立場に立つ者でなければ、全体の、すべての罪を蕩滅(とうげん)することはできない。……

こういう、いわゆる縦的歴史において、すべてのことを横的に、六千年間のすべての罪のことを、横的に、現実において、あるいは未来をも代表して、これを蕩滅しなければならないという使命をもった人が再臨の主である。だからその人は、アダムの身代わりとして涙を流し、ノアの身代わりとして涙を流し、アブラハムの身代わりとして、あるいはモーセの身代わりとして、あるいは洗礼ヨハネの身代わりとして、あるいはイエス様の身代わりとして、あるいは二千年歴史の間の数多くのキリスト教会における悲惨な殉教者の身代わりとして、神の心を休めるように贖(あがな)いをしなければならないのが再臨の主の立場である。そして、歴史的にすべて神に反対してきたサタンが、何一つすることもなく、歴史を通して勝利した、自分が勝ってきたという条件を立てることもできないような立場に立ってこそ、初めて歴史的な新しい天の勝利圏が

始まる。（一九六七・七・九）

2 先生は、ある時こういう祈りをした。「六千年のあらゆる罪、あらゆる神の摂理におきまして逆らうことがありました。六千年を六日間にして我に背負わせて打て」と。（一九六五・一〇・三）

3 再臨……それは栄光の座から来ることができないのです。血の祭壇から始まらなくてはなりません。血を乾かすことのできる道から歩まなければ、祭壇の伝授がなされないというのです。（一九八六・二・九）

4 一人が世界のすべての罪、多くの世界が犯した罪、あるいは一国が犯した罪、あるいは氏族が犯した罪、全家族が犯した罪、全個人が犯した罪、すべてを自分が責任をもつ……こういう人間が必要。（一九七五・七・一三）

5 神様は、神の愛が殺人と流血に一変されてしまった人類歴史の恨みを解くために、レバレンド・ムーン一人を捕らえ、吊（つる）し上げにして殺し、供え物にしようとされました。歴史上に展開したすべての怨恨を、ことごとくレバレンド・ムーン一人に蕩減（とうげん）と

して背負わせたのです。（一九八五・八・一六）

⑥文先生の四十年間の人生は、七千年の負債を全部返し尽くさんがために歩み抜かれなければなりませんでした。……公式に従って具体的に負債を払いきらなければならないのですから、そのためには、先生が自分から戦いを挑み、その戦いに一つ一つ着実に勝利していく以外に道がなかったのです。（一九七七・五・一）

⑦先生は罪があってむち打たれたのではありません。サタン側にいろすべての悪人たちの罪を、先生が代わりにかぶって蕩減復帰しなければならなかったので、むち打たれたのです。（一九九〇・二・一六）

⑧神様は祝福してくださり、天下にまたとない約束をしておかれながら、先生を監獄に放り込まれるのです。そうでなければ、その峠を越えられないのです。ですから、行く息子をむち打たざるを得ない、そのような神様の事情を知ったので、恨みも多く、事情も多いそのような歴史過程を今まで経てきたのです。（一九九七・八・九）

⑨神は先生を愛したと思いますか。先生に対して最も冷遇したのが神なのです。（一

九八・九・二二）

⑩先生が……神様によって奴隷の王としての扱いを受けているのです。歴史にない自分の最も愛すべき子供を、奴隷の王のように扱っているのです。（一九九三・四・二二）

⑪神様は先生に対して無慈悲な方です。天法を永遠の法として立てるためには、霊界にいる、今まで法に従っていった人たちが注目する中で、先生が代表的な道を行く上において、一点一画も許されない過程を通過しなければなりません。……ですから神様が最も愛する者を、最も怨む立場に、サタン以上に怨む立場にまで追い込むのです。……そのために、先生はサタン以上の立場で冷遇され、そのようにしながら道をつかんできたという事実を知らなければなりません。（二〇〇一・一一・一五）

⑫先生の基準は……貧困とか苦痛のレベルを超えています。先生は考えられる限りの辱めを受けてきました。しかし、神様を愛するという心は決して変わりませんでした。先生は安楽な生活をしたことがありません。……先生は生涯ずっと神様のために涙を流し続けてきました。神様もこれを御存じなのです。レバレンド・ムーンがどういう生活をしてきたか、神様はつぶさに知っておられます。……先生が生涯、神様のため

にやってきたことを、神様は決して忘れないでしょう。（一九八二・九・五）

⑬先生には、神様が愛の神様ではありませんでした。考えるだけでも残酷です。（一九九一・六・二）

⑭先生が一人、全世界の救いに必要な蕩減基準を立てるために、心情を中心として神を誰よりも愛し、神を誰よりも信じ、神からいかなる命令があっても、最高の誠意をもって受けた。（一九六五・二・三）

3、真の父母の十字架

①誰かが、アダムとエバが自分のために流した涙よりもっと多く、神のために涙を流し、彼らが自分のために苦しんだよりもっと深い神のための痛みを通過しない限り、復帰は不可能である。もしそういう人がいるとすれば、その人の心こそが、真に神の心情と神の想いの世界を感動させるのである。そしてそれが、神に悲しみと涙をもたらしたアダムとエバが復帰され得る唯一の道でもあるのである。

我々は、神の悲劇の涙を、神の喜びと感謝の涙に変えなければならない。我々が、この転換をなし得ない限り、人類の復帰を可能とする道は絶対にない。それは極めて論理的にそう結論し得る事実であり、真理である。（一九七八・三・一）

2では、メシヤとはいかなる方であり、メシヤの資格とはいかなるものだろうか。メシヤとは、この地上に来て、神よりもっと苦悩し、神よりもっと涙し、神よりもっと働き、地獄の底のような苦難の中に自らを陥れながら、そこから自分で上がってきて神を慰め、神の涙を喜びの涙に変えるように運命づけられている人である。だからメシヤの候補者たる者は、自分のためにではなく、神のために苦悩し、神のために涙する者でなければならない。

メシヤは、神に助けを求める祈りをしない。「私は神を解放し救うためにいるのですから、どうか私を信頼してください」と神に嘆願して祈る者である。そういう人であって初めて、その人はメシヤ候補者になれるのである。それは先生の独りよがりな思いつきではなく、先生が宇宙の原理を発見し、真理への扉を開いてみた時に、そこに見いだしたことである。（一九七八・三・一）

3先生は、君たちに知ってもらいたいのである。神は、来る日も来る日も涙に暮れ、来る年も来る年も涙に暮れ、永遠なる神であるがゆえに、永遠に涙の乾く間のない神様であることを。あの日以来、涙のとりことなられた神は、今なお涙から解放されないのである。誰が神を解放することができるのか。神が神を解放することはできない。人間だけが、神に救いと解放をもたらすことができるのである。もっともっと多くの涙が、統一教会の君たちによって流されなければならない。先生自身、今までの人生に多くの涙を流してきたけれど、それでも今、もっと多くの涙を流していきたいと思っている。それが君たちの先生の姿なのに、君たちは安楽な生活を送りたいと思うの？

一つの家庭を復帰しようとするだけでも、多大のエネルギーを必要とする。それだけでも、「生涯にわたる献身が必要である」と言っていいくらいである。しかしここでは、一つの家庭の復帰を問題にしているのではない。それさえ不可能な難事のごとく思えるのに、ここでは天宙復帰という、人類数千年の課題について語っているのである。誰かがそういうことを言うと、人は狂人だと思うかもしれない。しかし先生は、何十年も前から、そのことについて語ってきた。この思想をもって世界を揺さぶろうというんだから、正に狂気と見えるのも当然かもしれない。

しかしながらこの道は、何の喜びも笑いももたらしてくれるわけではなく、むしろ悲哀と涙と苦労の道である。先生のことを、あまり繊細でないか、むしろ鈍感であるかのように思っている人がいるかもしれないが、そうではない。先生は恐らく、誰よりも繊細な人間である。打たれたり、何か悲しいことに遭えば、そのままでは先生も泣いてしまうだろう。しかしそういう時、先生はいつも、まず神様のことを考える。そして、「私が神様を解放しなければ誰が解放するだろうか」と思うと、「神よ、大丈夫です。私はこんなに元気ですから心配しないでください」と神様を慰めずにはいられなくなってくるのである。それでも先生は、神様が先生のために涙してこられたことを知っている。だから神は、統一教会のことを忘れることができないのである。

霊界と交流する霊能者たちの中で、時に、先生について知りたいと思って霊界に聞いてみる人がいる。すると霊界からの答えはいつも、毎日毎夜、痛哭（つうこく）するという形で返ってくるというのである。先生のことは、涙なくしては言い表すことができないのだろう。統一教会において涙のない者は、決して勝利的にこの道を歩むことはできない。

先生は、涙の味わいを知らないなどという人の心というものが、どうにも理解できない。また涙を知る人にしか、先生を理解することはできないだろう。ここにいることが、神に至る近道であり、神の心情へ通ずる一点だとすれば、当然ここは涙の味が分かる者たちのいる所であるはずだ。

先生は現在に生きているが、先生の涙は、歴史上のあらゆる聖人たちと交わってきた。この世界が先生のことを知る日が遠からず来ることを、先生は確信する。今は知らないために、先生を非難しているが、ひとたび、先生を知る日が来たならば、世界の人々は涙して、先生に応えてくれるだろう。

我々は、涙と悲しみの基台の上に、神の国の王権を立てなければならない。悲しみの王となって初めて、真に神の国を建てることができるのである。神は、自らの王国を失ったいかなる皇帝よりも、もっと深く嘆き悲しまれた。自分の王国が滅ぼされ、妻や子供が敵に略奪されて陵辱を受けるとき、その様を見る王の心はいかばかりだろうか。悲嘆の極みであろう。しかし、神の国を失われた神の心情は、それよりもっと悲しく、辛かったのである。

神様は、いかにして、その悲しみを忘れることができるのだろうか。この天宙の何を見ても、すべてが神の悲しい心情を刺激し、あの悲劇の一日の記憶を甦らせるばかりである。しかしついに、ある日突然、一人の人が現れた。「神よ。私に後を引き継がせてください。私たちが責任をもちますから、あなたはどうか休んでください」という人が。（一九七八・三・一）

聖人の道

4この世界のすべてを知り、そのすべてを越え得た先生の心は、もはや何ものによっても動かされることはない。巌のごとく堅く立った先生である。自らの指を切って血で誓約を書き、先生の前に忠誠を示そうとした多くの女性たちもいた。宗教的試練を乗り越えるということは、実にたやすい業ではない。周囲に押し寄せてくるすべての誘惑を乗り越えて、基台を築いてきた創立に至るまでの苦難には、実に計り知れないものがある。

そして、先生がすべての十字架を越えて勝利したその結実に、今与(あずか)っている自分たちであり、神と先生の前にひと言もないあなたたちであることを知るなら、常に自らを謙虚な感謝に満ちた立場に置くべきである。それは、あらゆる摂理的勝利を成した今もなお、先生が神の前にもち続けている姿勢でもある。

この七年路程が、かかる苦難の結果としての恵みであることを知ったんだから、この期間をあらゆる体験をなす絶好の機会と思って、呪われ、嘲られ、飢え、打たれ、迫害されるすべての体験を貴重なるものとしながら、「そういう体験があったからこそ、私は神と先生とイエス様の心情を知ることができました」というような歩みをなしたいものである。

先生のこの小さな手は、実に膨大なることを成し遂げてきた手である。そして、このような人知れぬ霊的開拓の道の上に、創立に至る教会の基盤が築かれてきたが、それは真にたやすい業ではなかった。

あなたたちもみ旨のための活動中に、人々から殴られたり、蹴られたり、顔に唾されたりしたことがあるかもしれないが、そういう時こそ、こう考えるのである。「ああ、これが、歴史上のすべての義人、聖人、神の人が歩んできた道だったのだ」と。

神様は泣いておられる

しかし外にいる人々に唾をかけられたり、打たれたりしても、そういうことが苦しいことではない。かつて共に食口(シック)として歩んだ人が、神を裏切って去っていく時、それ以上悲痛なることがあるだろうか。

そういう痛みまで体験して初めて、イエス様が外的な敵、すなわち具体的に十字架に釘(くぎ)付けした人々による外的迫害、裏切りだけでなく、ユダによる裏切りのごとく、最も痛い内部からの内的迫害を受けた方であることと、その痛みというものを少しでも理解することができるだろう。

先生は共産陣営のみならず、自由主義の韓国においてさえ、刑務所生活を体験した。西大門(ソデムン)刑務所に行ったその日のことは、永遠に忘れることができないだろう。

その日刑務所に引かれていく時、教会から去ったかつての食口が一人、先生に駆け寄ってきて、侮辱に満ちた嘲笑を浮かべながら言ったのである。「あんたはまだそんな馬鹿なことをやっているのかい、俺のように早く卒業することだな」と……。

先生は永遠にその男のことを忘れることはできない。一言も語らず黙然として彼の前を引かれていったが、心の中で神に向かって呼んだ。「神よ、今こそあなたに対する従順を証（あかし）させ給（たま）え」と。

このようなことを一度ならず、幾度となく味わってきたゆえ、目を閉じて祈り始めると、いつも涙を止めることができずに痛哭（つうこく）する先生である。神のそういう悲しい内情がよく分かるからである。そして同じ事情を味わい、その心情を知ればこそ、そういう神の心情を、誰よりも慰めることができるのである。

親はもちろんのこと、妻も子供も分かってはくれない、一人として理解する者もない、そういう時こそ、孤独なる神の友となることができるのである。

一人の男がこんなにも弱くなり得るものか、と思ったこともあった。ある意味では同じ弱き一人の人間に変わりないのである。しかし、自分をそんなにも頼りにしている神であることを知っているから、そういう神の心情を想うと、いても立ってもいられなくなり、神の願いを果たして神を慰めたいという想いにかられる。

「神よ、全能なるあなたは、その望むところの何事も成すことがおできになりますのに、御自分の子なるアダムとエバの罪のゆえに、御自分をそのような苦悩の中に陥れられました。苦しむべきいわれもないあなたが、かくも寄る辺なき身となられて、真に頼ることのできる子女を、そんなにも長い間ひたすら待ち続け、探し求めてこられました。私にはそういうあなたのお心がよく分かります」。

誰でも、先生の内面の世界をかいま見ることでもできたならば、ただ「わっ」と痛哭せずにおれないだろう。特に、常に神に祈り、霊界を見たり啓示を受けたりしている霊通者たちは、みなこういうことを言ってくる。

「文(ムン)先生について祈る時は、いつも決まって神様からの答えは『涙』です」と。先生のことを祈ると神様は泣かれるというのである。寂しい一人の人、文先生を見つめる時、人知れずすすり泣いておられる神様なのである。

涙の基台

堕落による歴史の糸のもつれは、それを解いて再創造することなどとてもできそうには思えないほど複雑なものとなり、神でさえ、どこから手をつけて摂理するかとまどうだろうと思えるほどである。

しかし今、一人の孤独なる人が、歴史の背後にある秘密のすべてを見いだし、それを公式化し、体系化したのみならず、その原理を自ら生活しながらここまで運動を発展させてきたのだから、神としても注目せざるを得ないはずである。

ここまで来る道において、先生はいくら泣いても泣いても止めることができずに、いく日もいく日も泣き暮らしたことがあった。ある時はあまり泣いたので、目が熟しすぎのカボチャの中味のようにぐちゃぐちゃになってしまい、太陽の光も目にしみて見ることができなくて、目をつぶって過ごしたことがあった。

涙によって開拓されたこの教会の基台である。あなたたちは何も知らない。第一、先生は語らなかったのだから。なぜなら自分自身の歩んだかかる苦闘の四十年路程は、二度と誰にも味わってもらいたくないし、息子や娘たちにはできるだけ易しい道を残してあげたいのが、親としての先生の気持ちである。知れば、あなたたちもそういう道を行かなければならないのだから。

誰でも深い祈りや霊的な体験を通して、先生の語られざる体験の一部でも霊的に知り得るならば、先生の通ってきた身悶(みもだ)えするような苦難の道を、一瞬でもかいま見ることができることだろう。

今あなたたちは、この地上で受けるのが当然であるかのように祝福を受けているが、それは今の時の時代的恵沢として、霊界における何千年、何万年分の内容を最短の期間で体験し得るからに他ならない。

心情の相続者

真の息子、娘となりたければ、両親の精神を受け継がなければならない。とすればあなたたちは先生の伝統と理念を受け継がなければならないわけである。そして真にそれを受け継いだ人であれば、伝道等の聖業に出掛けていく時も、我知らず涙が流れてくるようになるものである。み旨の前に立つと、神の逼迫(ひっぱく)した悲劇的な内情が胸に迫ってくるようになるからである。そして、そういう人となり、そういう道を歩む時に、その人や、その教会は、必ずや神によって栄えていくに違いない。

いわれのない迫害を受ける時にも、呪うのではなく、逆に神に彼らの祝福を祈り求めるのである。そうすることによって、神の心情をより近く感じ、差し迫った神の事情をより切実に感ずることができるだろう。そしてあなたたちのなした行為のすべてが、それによって聖なるものとされるのである。

あなたたちは、見知らぬ人に出会ったのに神か主に出会ったかのように、訳もなくその人を抱き締めて泣き出したことがあるだろうか。先生の人生において、そういうことが何度も何度もあった。

神の悲しい心情、親としての苦しみを味わい知らされた時には、木を抱き締めていつまでもいつまでも泣き続けたことが、幾度となくあった。そういう体験こそは、祈りよりはるかに貴いものなのである。そして自分がより惨めな立場にあるのを感じる時こそ、神をより近く感じ得る瞬間ではないだろうか。

先生は、伝道や万物復帰において体験する様々な人間関係を通してあなた方を訓練し、ある基準以上の人格を形成させせんとしているが、そうして先生が歩んできた人生のパターンを歩んで、先生のような人間となってもらいたいのである。

神を知る者の道

先生が生来の実力を伸ばして世俗的な分野に応用していったなら、偉大な実業家にでも、大政治家にでもなれるし、様々な分野で大いなる名声と尊敬をかち得る人物になれるだろう。しかし、それだけの能力や実力をもっていながら、そういう方向には行かなかった先生である。

そして、生涯において、先生より多く涙を流した者がいるだろうか。苦難の道は避けられないものではなかったが、神のために、無条件に、涙の道を選んだ。人々から尊敬と賛美を受けつつ歓迎される道もあった。しかし先生は、神御自身がそういう立場におられないことをよく知っていたのである。

では、先生は初めから何の個人的願望も、青年のもつ青空のごとき夢も希望ももっていなかったかというと、そうではなく、当然、大志を、夢を抱きながら、しかし、それらをすべて自ら捨てて、いつの日かこういうふうに、という希望の扉のすべてを自らの手で閉じて、人生の最も悲惨なる道を選んだのである。ただ悲しい神の友になりたかったからである。

あなたたちもまた、ある意味では同様に苦難を負って歩んでいるが、それは過去において先生が既に通過してきた道を引き継いでいるのである。そして我々がこのように自ら進んで苦難を引き継ぎ、それを負っていくのは、ただただ神を知ったがゆえである。

我々を非難し迫害する人々が言うごとく、我々に何か間違っていること、罪深いことがあるとしたら、我々には一つの罪があると言えるだろう。それを罪と呼び得るなら、「我々が神を知っている」という罪である。ただ神を知るがゆえに、我々は迫害する者たちの非難の的となっているこれらのことのすべてを、なすべき使命として引き受けたのだから。

しかし、過去において我々が何か悪なることを世界にもたらしただろうか。神を知ることがいかにして罪となり得るのか。神を知らないことのゆえにこそ、かくも混乱していく世界であり、教会は崩壊し、共産主義はますますその勢力を伸ばしているのではないか。

神を知る者の道がいかに悲惨であろうと、神を知ることこそは我らの幸いであり、特権である。

真の後継者

賢い者は、ひとたび歩み始めた道を全うする。中途で終わる者にはいかなる勝利もなく、勝利は耐え忍んで最後まで全行程を走り抜く者の上にのみある。先生も神の道を行きながら、常に第一の道のみを行こうとしてきた。み言(ことば)に関しても、自分に従ってくる者たちのためにも、何度も何度もあり得る限りの慎重さをもって、正しいかどうかを吟味しようとした。

実験室の研究者が、何か新しい発見をしようとする時に、その理論が本当に正しいかどうか絶対的に確実にしようとして、何度も何度もテストを重ねた末、それから世界に発表しようとするように、先生もすべてを絶対的に確実にするためには、自らの歩む全路程を通して、徹底的に実験し、試験し尽くした。それを通して、この世界のすべての真理を解明しようとしたのである。

あなたたちも、既に神への誓約書に署名した兵士として、中途半端な道を行くことなく、最後までひたすら前進してほしい。そして、「私は先生以上に行きたい、先生と競争して打ち負かしたい」と、そういう人物の現れることを先生は待っている。

先生は何度も思ったことがある。「私はまだ死ぬことができない」と。残念ながら自分が第一線をあとにする時、使命を託すべき後継者がまだいないのである。「この者に、自分の使命を残していくことができる、死ぬことができる」という確信を先生に与えてくれる者は、まだ一人もいないのである。

「誰が、私が神を愛したほどに神を愛してくれるだろうか、私が死んだのちに誰が私の神を見てくれるだろうか、親孝行してくれるだろうか」と、それだけが心配なのである。

誰か「私が神様を見ますから、先生は後ろに立って見ていてください」という人がいるとすれば、その人こそは歴史においても、私たちの教会においても主流的人物となり、永遠に滅びることなく、その子供はアブラハムの子孫のごとく栄えることだろう。

先生は今、韓国式に数えて五十八歳であるから、七十歳までには、あと十二年ある。そして二十二年経てば八十歳になることを考えると、自分が全面的に働くことができるのはあと十五年だと見ている。この十五年間に誰か後継者を見いださなければならない。

このような破滅へと運命づけられているかのような世界をあとに残すのでなく、なんとしても復活していく世界を残したいと願っている先生であるから、生きているうちにこの運動の基盤を完成していくために、自分の牛涯においてありとあらゆる苦難、頭の痛いこと、苦々しいこと、嵐のごとき非難、迫害等、良くないことのすべてを一身に受けることを決意して、「どうか我にすべての重荷を負わしめ給え」と祈っている先生である。

そうすれば、あなたたちの時代、あなたたちを中心とした時代が来る時には、もはやそれらを過去のものとして、この運動は興隆していくことであろう。

あなたたちも迫害の中にあって、「これ以上迫害されるのなら去ったほうがましだ」

と考えるか、それとも「迫害が大きければ大きいほど、より大きな責任や使命をもつことであるし、より大きな挑戦をしてより大きな実績を上げ得るということだ。よし、私が全部引き受けて処理しよう」と考えるか、いずれか二つの立場がある。

先生が二十四年前に統一教会を創立したように、あなたたちも自分の任地であなた自身の運動を創始したのである。それぞれの地で新しい教会を創立し、その地のレバレンド・ムーンになろうではないか。（一九七七・五・一）

4、真のお母様の決意

1 一九六〇年にお父様と結婚してみ旨を受け入れてきながら、私なりに決心したこともありますが、私にとって最も大きな力となり、今まで歩んでくることができた信仰的な内容があります。「私は、天の前に選ばれた最後のエバだ！　六千年の恨めしい天の摂理は、私の代ですべて終えなければならない！　失った天の心情、太初にアダムとエバを創造されて喜びを享受しようとされた、その状態のとおりに成し遂げてさしあげなければならない！」というのが、私の信仰生活の信条です。……

「私のできることであればどのようなことでもしなければならない、必ずしなければならない」と誓ったのです。そのたびに天は、私に力を与え、見せてくださいました。そのような信仰的な話を日本の食口たちにしながら、「私の歩んできた道は、死なざるを得ない、これ以上一歩も進むことができないという、そのようなところまで到達した時に初めて天が役事してくださる、そのような道でした」という話をしました。

「今日、日本の食口が直面している様々な問題がありますが、それは、天がより大きく祝福してくださり、これまで天が苦しかったことを、皆さんを通してすべて忘れようとされる真の愛だということを悟ってくだされば有り難いです」という、そのような話をしました。

これまで、お父様に侍って従ってきながら、自分を中心とした生活はできるだけ徹底して排除し、私に言いたいことがあっても我慢して言葉を控え、見ずに、表現せずに、このように三十年を生きてきてみると、このように人々の前に立つようになりました。

実際、多くの聴衆の前に立つということは、私には合っていないことのように感じられました。しかし、今まで私を保護してくださり、導いてくださった神様とお父様に対して、その愛に報いるという意味で、またこの時代が願うこの時に、私が立ち上がらなければならないその時期を痛感したので、立ち上がりました。（ＴＭ、一九九二・一二・一九）

5、真の父母の家庭的十字架

1旧約時代は万物の献祭を通して、新約時代は神の子女が犠牲になり、成約時代は父母が蕩滅(とうげん)の道を歩むのです。……最後の段階においては、真の父母が誰にも言えない困難な道を歩むようになるのです。したがって、復帰の歴史は、父母が蕩滅の道を歩むことによって全うされるというのです。先生はすべてを否定される道を通ってきました。先生がプラスの立場に立ち、先生の家族はマイナスの立場に立たねばなりませんでした。その中で、先生の家族は苦難の道を通ってきました。（一九七三・七・一）

2北韓の獄中から解放された時、一時間も行けば家族に会えるそのような立場にありましたが、会うことはしませんでした。それ以来、先生は、先生を深く愛していた母親、そして兄に会うことはできなくなってしまいました。共産主義者の犠牲になってしまったのです。先生は自分の親や兄弟を捨てて、見知らぬ人々を集めてやってきたのです。こうしてそれゆえに、皆さんがここに来るようになったのであります。先生は、皆さんと会うためにこうしてやってきたのです。これが統一教会の歴史であります。（一九七三・七・一）

3 真の父母の家庭にいかなることがあっても、この道を突破させたいというのが天の願いなのです。（一九七三・一・一）

4 統一教会の人のためには私の骨と肉を削りながら、監獄に入り、血を吐く場にいたとしても、彼らのために祈祷しました。私の子供は祭物として捧げながら、そのような精誠を尽くしてきたのです。それが統一教会の伝統的思想です。（一九七一・八・一三）

5 先生はこの日まで、家庭を振り返らないできた。皆よりも家庭を愛せない。家庭の愛を知らずしてではなく、また皆よりも収拾できないからでもない。これは民族と教会がいけなかったから、それを先生の家庭で蕩減しなければならないのを知っているから、先生がそっくり受けているのである。（一九六九・一・一）

6 なぜ統一教会が現れるようになるのでしょうか。世界的なキリスト教の基盤の上に霊肉を中心として結束させて、世界の基盤を代表する中心的完成した人物がいるからです。堕落しない完成した立場に立つ人物として、神の愛の理想圏を世界化させるための責任をもって、今日、統一教会はこの地上に現れるようになったのであります。

旧約時代には祭物を通して血を流してきました。新約時代には人が血を流してきました。それでは今日、我々の統一教会時代にはどのようなことが起こるのでしょうか。愛を中心として、犠牲の血を流していくのであります。愛を中心として犠牲の血を流すということは、どんなことか分かりますか。統一教会時代になって、皆さんの家庭に複雑な問題が起こってくるのです。堕落によって人間は神を失い、次には天使世界を失い、万物を失い、人を失い、その次には愛の責任を失ったのであります。その最後の愛を中心として、犠牲的な道を行かなければならないのが統一教会であるということを、皆さんは知らなければなりません。

先生が今まで歩んだ道というのは、愛の十字架の道を代表になって歩んでいる、ということを皆さんは知らなければなりません。一個人の代わりにそうであり、氏族、民族、国家、世界の代わりに、代表となって、その道をきたのであります。愛の十字架の道において敗者となる時には、統一教会はみ旨を完成することができなくなるのであり、勝者となる時、神様のみ旨を地上に移して天国時代が可能になるのです。そのことを知らなければなりません。分かりますか。……

統一教会において、今までの他宗教と異なる点は何でありましょうか。今までの宗教の目標とするところは、個人の救援にありました。理想的な人格完成を説いて、数多くの宗教が広まってきましたけれども、統一教会はそうではありません。統一教会は何を完成するためにきたかといえば、家庭を中心として完成するためにきたのであります。過去、個人的宗教を通して救援を受けるためには、私個人だけが犠牲になれば、そのみ旨を完成することができたのでありますが、今や家庭完成を基準とするこのような時代に入ってからは、家庭を犠牲にすることができるようにならなければ、神の家庭完成の道が広まらないのであります。（一九七八・一〇・二二）

第二節　祝福家庭の使命と役割

1、天一国創建は、神と人間、父母と子女との共同で成す

[1] 早く君たちが、先生みたいな心情をもてばね、先生より以上、神は力を君たちに与える。そうなんですよ。共同してやらないと世界復帰はできない。先生だけがやっても、一人でいかにして世界復帰ができるか？（一九六五・一〇・七）

[2] 天地開闢（かいびゃく）の後天時代は、明らかに天と真の父母様が開門してくださいました。しかし、この福多き栄光の時代を花咲かせ、実を結ばせることは、今、皆様の手にかかっています。（平和メッセージ五、二〇〇六・六・一三）

2、祝福結婚による重生

1真の愛と生命の種をもったアダムを失った神様は、サタンの讒訴(ざんそ)条件がない新しい種をもった息子を探し立てなければなりません。創造の時、アダムを先に造ったように、再創造摂理である復帰摂理も、堕落と無関係な息子を先に立てなければならないのです。これがメシヤ思想の根本です。(『祝福家庭と理想天国』〈Ⅰ〉三三―三四ページ)

2皆さんは、真の父母の骨髄の中から心情的に接ぎ木されるのです。それをもって、真のお母様の腹中を通じて本然のアダムとエバの立場で生まれたという条件を立てるのです。(一九六九・一一・一〇)

3サタン世界の偽りの父母の愛で始まったすべてが終わりになり、新しい真の父母の愛を中心とした新しい世界になるのです。(『真の父母』光言社版、三七〇ページ)

4もう一度生まれなければならないというのは……堕落とは関係のない父母の血肉を通して、もう一度生まれなければならないということです。(一九六九・五・四)

5 生命は愛を起源として誕生するのですから、皆さんは真の父母の愛を中心として一体とならなければなりません。（一九七〇・一〇・一九）

6 彼（メシヤ）のなすべきことは、世界的なことであるが、出発はどこからなされたかというなら、家庭からである。なぜ家庭から出発するかといえば、すべての事件が家庭から始まったからである。アダム・エバの家庭から始まったのである。神を家庭から追い出したのもアダム・エバである。男性と女性が道を誤って、追い出したのである。また天使世界を追放したのも、男性と女性が誤ったゆえである。そうだろう？万物世界を失い、人間の価値を失い、人間の愛を失ったそのすべてが何のためであったかというと、男性と女性が誤ったことによるのである。

では、反対にこれを連結させるためにはどうしたら良いのかというなら、正しく会わなければならないのである。誰がですか。神と人間がですか。そうではなく、男性と女性が誤ることによってすべてを失ったので、原理的内容から見る時、男性と女性が正しく出会うことによって、これを再びなすことができるのである。それで、統一教会の祝福というのは何かと言えば、男性と女性が自分勝手に会うのではなく、神様を中心として正しく会うのである。誤って会った男性と女性により、世界すべてを失ったので、正しく会うことによって、全体が再び神のもとに帰られるよう基盤を整えようとするのが、統一教会の祝福であることを、君たちは知らなければならない。

それでは、その祝福を神の代わりに誰がなすのかといえば、メシヤが来てなさなければならない。分かる？　一人の男性が来て、新婦に会わなければならない。キリスト教の再臨時代には、新郎たるメシヤが新婦を尋ねてくるのである。その新婦を尋ねてくるということが、たとえ個人として会うということでも、縦を逆に上って横的時代における一つの基点を中心として会うそのところであるゆえ、これはあくまでも全世界を中心とした、中央の場において会うことを意味する。分かる？（「はい」）。このように中央で会うということは、サタン世界が完全に破壊されてしまうことを意味する。それゆえ、あらゆるサタン世界は、すべてを総動員して、これが成立できないように打ち砕こうとするのである。……

キリスト教が支えることができなかったために、全体宗教圏と全体国家圏はサタン側に入って、キリスト教が基盤としているすべてを、悪辣な中心がサタン側に利用して攻撃するようになるのである。攻撃を受ける立場において、場を定めなければならない。分かる？　歴史上かつてなかった最大の戦いの中において、立場を定めなければならない。それを一九六〇年に聖婚式を通してやった。三十六家庭の祝福の時も決死的であった。それで、三十六家庭の時代を経て七十二家庭、百二十家庭時代に来てからは地上に立場を定め、七七七家庭時代に入ってからは、東西南北三六〇度に対する方向を定めて、世界的な発展をなしていくのが統一教会の歴史である。そうしながら二十一年間において、数多くの人類と数多くの氏族圏をすべて連結させる家庭の門口を開くのである。そこには五色の人種がみんな入るのである。（一九七八・一〇・二二）

⑦結局、神の摂理というものは家庭を中心として、個人的、家庭的、氏族的、民族的、国家的、世界的家庭編成を目標として復帰の理想を求めているのである。それで今、統一教会は世界的な家庭復帰建設の道を、本格的に進んでいるのである。

このように考えてみる時、堕落した人間が祝福を得る一日を迎えるために、神御自身が長い歴史を犠牲にして努力してこられたのである。そしてその間、個人が滅び、家庭、氏族、民族、国家と数千数百万の犠牲を払ってきたのである。それでも、このような神を中心とした祝福の位置を迎えることができなかった。それを統一教会において戦い抜いて、日本とかアメリカとか世界的になすようになったということは、時代的に非常な勝利圏をつくったということである。分かりましたね。

君たちは祝福される前に、自分の存在はこのような歴史的な中心性をもっている、ということを考えなければならない。神の摂理が今までずっと数千年の犠牲的歴史を通過してきたのは、結局自分を救うためだったのである。そこに神が動員し、数多くの預言者とか先駆者とか多くの犠牲を払ってきた各宗教とか、そのすべては自分を一人の勝利者として立たせるための、神の愛だったのである。統一教会の歴史もそうである。先生がこのように苦労したのは、先生の救いの道を開拓するとともに、万民に自分と同じような祝福の道を授けるためであった。結局、私のために天は動いてくれたという感謝の念に打たれながら、一生を捧げてもなお、神に報いることに、足りない負債をしているのである。一生を捧げても、神が喜んで迎えてくれるような、そういう者ではない。

しかし、すべてを捧げた場合、神は勝利者として霊肉共に永遠の世界で、勝利圏の世界で、栄光の世界で迎えてくれるということを考えた場合、恐ろしいことである。だから君たちは歴史的中心性を背負っている自分であると、そういう過去と現在を背負っている自分であると自覚してほしい。現在の世界の四十億の生命を自分によって救わなければならない、全体的な関係をもっているのである。そのような価値の存在を得るために、神が犠牲を払い、各宗教が努力をしてきた。しかし、このように歴史的に犠牲を払っても、その価値の存在を迎えた場合には、すべてが報いられる。そのような中心的使命をもっているということを、はっきり知らなければならない。だから君たちが動けば歴史が運行し、日本はもちろん世界が動くのである。（一九七八・九・二二）

3、神の子としての主人意識

1 統一教会の復帰路程におきましては、我がなくてはならない。あの部分におきましては我でなければならないということを、誰もが一つはもつんですね。……そういう基準にいる多くの人々に対し、君を中心として蕩減(とうげん)復帰の条件を立たせたい、そういう存在たちを神は願うんですね。……先生が逝かれた場合に、この地上の各分野におきまして、そういう心情の持ち主に、いかなる者がなるや。……霊界において、そういう分野で働いて死んでいったその人たちにとって、歴史的再臨をなすこの時代に、我こそがその分野の再臨の主であるという自信をもって言えるような人たちがいなくてはならない。……

君たちが本当に、日本をいかにしたら復帰できるかを考えなければいけない。それには頭を使うんだね。だから、何年後にやるべきことを、何年前に引っ張ってきて、そこで成功させる。そうすると神は、その人を踏み台として歩かなければならない。……追いついていくばかりじゃない。研究しなければならない。（一九六五・二・八）

2 考えないところでは、悟ることができない。悟って行わないところに、神のみ恵みの手は伸ばすことができない。（一九六五・一〇・三）

3 天使の応援を受けたら、真なる天の息子になれない。神直接の応援は必要じゃない。（一九六五・九・三〇）

4 我々より以上の苦痛を味わってきている神に対して、心配をかけさせるな。（一九六五・二・一〇）

5 神を泣かせ、世界を泣かせ得る者は、すべてを動かす。（一九六五・一・三一）

4、真の父母の伝統の相続

1 君たちの場合は、先生ほどの苦労をしなくても済む。先生がすべてに先を歩んだからである。先生の歩んだ道に従って歩めばよいのである。しかし先生の場合は、誰一人教えてくれる者もなく、自分で切り開いて行かねばならなかったのである。分かる？安易な道を歩んでいたのでは、決して先生の道に従ってくることはできない。安易に思える道を自分なりに考えて歩んだとしても、結局は後戻りして再び元に返ってこざるを得なくなるのである。

世間の人々は君たちが統一教会に入って、先生に従っているのを馬鹿にするだろう。「なぜそんな馬鹿なことをするのか」と笑うだろう。しかし君たちは、この道を歩むことが必要であることを知っている。なぜかうまく説明することはできないけれども、心の中の何かが、「この道を歩むことが最善なのだ」と君たちに命令しているはずである。それは君たちの本心で、この道が究極的に神様の愛を追求して行く道であることを知っているからである。先生の場合は、この道を歩むに際して、目に見えない神様に従ってきたが、君たちの場合は、目に見える先生に従っていけばいいのである。我々は神様の愛に向かって歩んでいる。だからこの道を歩むならば、何か気持ちが良いものを感じ、歩まない時は気持ちが悪い感じがするのである。それは本心がそのように働くからなのである。（一九七七・六・一七）

2 あなたたちは、先生が歩んだと同じ路程を歩まなければならない。先生は、この道を三十年以上歩んできたが、あなたたちもまた、安易な道ではなく、苦労の道を歩まなければならないのである。なぜなら、まだ蕩減条件を十分に立てていないからである。
では、その蕩減条件を十分に立てているかどうかを証明するのは誰かというと、それはサタンなのである。だから、サタン世界に出ていって、サタンから蕩減条件が十分であることを証明するサインをもらってきて、それを神様に見せるのである。サタンが認めてこそ初めて、神様も認めることができるのである。こういうことから、神には何の力もないかのように見える時があるのである。神は、何よりも人間自身が努力して、サタンに勝利してくるのを待っておられるのである。

あなたたちが先生に付いてきたいと思うなら、安易な道を選ぶべきだろうか、それとも苦労の道を選ぶべきだろうか。苦労して、神様と先生を愛するのと同じくらい、そしてサタンに認められるくらい、サタン世界を愛さなければならないのである。そのようにして初めて、神様からも「神様を愛した」と認められるのである。しかしあなたたちが、神様と先生以上に世界の人々を愛したとしても、神様も先生も決して不平は言わない。神様御自身がそうなるようにあなたたちを導いておられるのだから。（一九七七・四・一八）

3 先生を正しく知るためには、先生が一生を懸けて投入して、真心を込めて語ったみ言(ことば)を解読しなければなりません。（一九九一・一一・三）

4 あなた方は先生の伝統と理念を受け継がなければならない。（一九七七・五・一）

5 統一教会に入ってくる人は修練の過程を経ます。二日、七日、二十一日、四十日の修練会をすべて経て、七十日間の修練を受けることが必要です。この修練を通して、無知により堕落した人々が、知ることによって復帰できるというのです。その時までもっていた思想観念を新しい方向に転換するために修練するのです。（『祝福家庭と理想天国』〈I〉七八五―七八六）

⑥韓国の統一信徒も、日本の統一信徒も、米国の統一信徒もみな、み言を体得することにおいて統一された伝統を立てなければなりません。すなわち、原理に立脚した思考方式と生活態度をもって、み言を中心として一体となった伝統を立てなければなりません。……ですから皆さんは、み言を中心に一体化した伝統、心情を中心に一体化した伝統を立てなければなりません。（一九六九・一・一）

⑦先生の教える主義は韓国式ではない。……先生は韓国人ではない。韓国で生まれたが、韓国から今まで迫害されてきた者である。先生の主張するのは韓国の歴史にない主義を唱えている。風習、風俗、みな韓国式でない。日本人であっても、「韓国で生まれた文先生が、日本の侵略した過去の政治的なすべての怨讐（おんしゅう）に報いるために、新しい思想で青年たちを何とかして、これでもって日本思想をないがしろにしようと……」。いろいろなうわさで反対する者もいる。そういう者ではないというんだね。

これは神様の願う方式である。（一九七二・四・二三）

⑧サタン世界の行く最後の終着点は、国を超えられないということです。これがサタン世界の限界点なのです。……サタン世界には世界主義がないのです。言葉では世界主義と言うけれども、内容は民族主義、国家観念を超越することはできないのです。

ですから、聖人たちはみな世界主義者なのです。イエス様も世界主義者であり、釈迦（しゃか）も世界主義者であり、孔子も世界主義者でした。そうでなければ、世界万民を抱くことができないのです。天は世界的です。国家を越えたところから出発するのが、天の心情の基台なのです。（一九七二・五・九）

⑨先生の生涯が、君たちにおきまして涙の境地になった。それがために君たちを復活させる一つの原動力になっている。（一九六五・一〇・三）

⑩君たちにとってはね、先生の生涯が君たちの生活に刺激の条件になっているんじゃないかと思うよ。……だからこの目的地まで行くには、君たちは刺激の条件をどこから吸収するかというと、先生の今まで歩んできたその先生の生涯の道から。それが力になる。「なぜ先生はああいうことをしたのか？　なぜ先生はそういうことをしたんだ」。

……先生は自分のことを言うのに何で君たちは涙を流すか。（一九六七・六・二五）

5、神と真の父母様の代身としての主人意識

1 君たちは地方に責任もって、「ああ、私は天の身代わりとして、この地方の責任者として我をあがめ、我に従わなければならない」。そうじゃない。まず親の心をもって人類に対しては涙、地に対しては汗を流さなければならない。天に対しては血を流さなければならない。これが鉄則だ。それから僕（しもべ）の身になって、そして奉仕する。そうして親子、その娘、息子を養う心をもつ。そしてやりながら自分のおっぱいを飲ませながらも、喜ぶその親の心情になって、自分の最高のものをやりながらも、やるものなくして、悩むようなその心情でもってやり続ける。（一九六五・九・三〇）

2 伝道する時には、最高の真剣さをもってやれ！　だから親の心情だ。親の心情でもって僕の体をもって、涙は人類のために、汗は地のために、血は天のために奉仕すると。……だから君たちは、人々を見る時、それ全部が他の人とは思わない。……惨めな人がいたら、自分の親、私の兄さん、姉さん、弟である。自分の家族がそういう悲惨な状態だったら、自分の心がいかに痛いか。（一九六五・二・八）

3 神様が人間を捜すにおいて、切ない心をもっているように、そのような父母の心をもって伝道しなければなりません。(『祝福家庭と理想天国』〈Ⅰ〉九九五ページ)

4 失った子女を捜す親の心持ちになって、大声で涙を流して、神が自分の失った娘、息子を捜す。そういう心にならなきゃならない。(一九六五・一〇・二)

5 失った兄弟のために父母の命(めい)を受けて兄弟を捜しに出掛けるのが伝道の道です。(『祝福家庭と理想天国』〈Ⅰ〉九九五ページ)

6 先生が一番たまり切れないことは人をむやみに使うもの、人のものをむやみに消耗するものである。(一九七四・二・七)

7 いついかなる時、生命を懸けてみ言(ことば)を伝えたことがあるか?(『祝福家庭と理想天国』〈Ⅰ〉二四〇ページ)

8 神様は万民を気が狂うほどに愛したい方であり、神様の息子は万民を狂ったように

愛する人である。(『祝福家庭と理想天国』〈I〉二七七ページ)

9 サタンの墓の中で呻吟(しんぎん)する多くの民のうめき声を聞いたことがあるか。そして、彼らを解放させようとする公憤心をもったことがあるか。(『祝福家庭と理想天国』〈I〉三三二ページ)

10 先生が三千里隅々を訪ね歩きながら叫びたかったその心情を引き継いで、代わりに叫ぶ者は誰か?(『祝福家庭と理想天国』〈I〉三三三ページ)

11 原理講義は、神様の代わりに叫ぶ内情的な事実を講義しなければならない。講義より心情的な位置がどうであるかをもっと心配しなさい。(『祝福家庭と理想天国』〈I〉三四三ページ)

12 先生の名前を中心として正しい姿勢をもち、本当に彼らを救ってあげることのできる父母の心情をもち、切ない心でみ言を伝えればよいのです。……叫べば叫んだとおりに流れて広がっていくのであり、それを聞くときには、収穫の実を刈り取ることができます。この時を逃がしてはいけない……。新しい気分で新しい活動ができる時代を迎えることができるのですから、勇気百倍で出ていくことを願います。……過去のどの時代よりも精誠の深度が高く、深く、広くなるようにしなければなりません。……奇跡が起きます。夢のようなことが起きるというのです。……あらゆることに先生のような心の姿勢をもって、国を愛し、自分の一族を愛し、兄弟を愛する心情以上に努力すれば、天が必ず結果を、皆さん自身に、一族に残してくれるのです。……間違いありません。（二〇〇八・一・二）

⑬皆様が伝道をする時には、若い人だけを伝道しよう、できるだけ大学を出た人だけを伝道しようと思うかもしれないが、そうであってはならない。人を区別してはならない。ただ、私がその人に尽くすべき真心を尽くせるか、ということが恐ろしいのである。人に対して伝道する時、口で伝道する時、よく聞けばそれは天であり、よく聞かなければ裁きである。恐ろしいのである。責任をもって伝道をして、医者が注射をすることによってその人を生かすことができるか、というような深刻な問題である。生命を扱うのは簡単ではない。あの人があいう立場の人で私たち教会のために利益になるから伝道する、そういう考えをしてはならない。教会の利益を天は尋ねるのではなく、個人の生命を天は尋ねるのである。一人一人尋ねて教会を成すのでありますそれで老若男女を問わず、人間は人間としての価値を認めなければならない。（一九

七一・三・一四）

⑭皆さんがこれをして人のために伝道してごらんなさい。天が共にある道を知るのに一番早い道はそれしかない。皆さんは子供を愛するという言葉を知っていますか。今、とっても醜い、愛らしいところが一つもない大木のようなおばさんでも、子供など生めそうにもないおばさんでも、その子供を生んだら、そのおばさんからも鼻歌が流れて来るようになる。子供を生んでみれば、その大木のようなおばさんでも、自分の子供は愛することを知っている。子供を生んでみなければならない。それと同じである。天の愛があるかどうか分からない。

　天の人格的価値が私にあるかどうか分からないという者は、生命を生んで育ててごらんなさい。愛が湧き出ずるものである。伝道するために誠意を尽くし、そのために私はおなかがすいてグウグウ鳴っても、その人が御飯を食べれば、私が食べた以上におなかがいっぱいになって喜んで、忘れられるところがあるんです。そのようなものを眺める時、元気が出るのである。伝道以上に、私が昔、み言（ことば）をもって食口（シック）たちを育てる時のおもしろさ。私が三十分だけ話をすれば変わってしまう。夜通しずっと話をする。そうするとクライマックスになって一度に変わってしまうのである。今夜十二時になって、一時、二時、二時四十分、三時、四時の時報がなって、ああ、もう眠れなくなるのに、そのようにして時間を見て計算するようであってよいものだろうか。その一秒だけでも、四時、五時になっても、眠れなくても、その生命を救う。その死んでいく生命を生かすその偉大な、快いことは、一晩眠れないのが問題でなく、何日食べなくてもそれは問題ではない。そのおもしろさを味わいなさい。それを感じる者でなくては、天の役軍となることはできない。そうするためには、誠意を尽くさねばならない。真心を尽くしてやりなさい。計画を立てて、皆さんが自分の一生のうち何年間、死んで一つの生命を中心としてやっているか談判祈祷しなさい。してみなければならない。この道を行くなと言われるのが一番怖いのである。それをなすなと言われるのが一番怖いのである。（一九七一・三・一四）

⑮真理のみ言は戸を開くもの、その次は心情で育ててあげなさい。（『祝福家庭と理想天国』〈I〉二六三ページ）

⑯言葉をペラペラとしゃべって、そういう言葉だけでやって、「ああ、自分の責任を果たした」、それだったら問題になるんだね。天の言葉が現れた以上は、その実体が必要である。その実体が現れてこないというと、天のほうにはマイナスになる。……伝道するには、もちろん言葉で伝道するんだけど、その実体を通して心情の関係をい

かに結ぶか、そこが問題である。（一九六七・六・二三）

⑰自分の生命を育ててくれる内容は……み言です。……今日、統一教会の食口（シック）がこのように偉大なみ言をもっているのに、世界的な風土がこのようになったというのは、大きな罪悪だと思います。……原理を離れての教育、訓練はいけません。そのようにしては統一教会は滅んでしまいます。……み言を語る訓練が、日常において絶えず行われていなければならないはずなのに、み言を聞いては、それをスッと地に落としてしまって、み言も語れない、おしになってしまうのです。……一度に講義することができますか？　できないのです。三年、四年以上かけなければならないのです。そのような三年、四年を失ってしまうから、講義ができなくて、ただじっとしているさなぎのようになってしまうのです。……ごちゃごちゃ言わないで、私がしなさい、というとおりにしなければなりません。（一九九四・六・二〇）

6、「子女の心情」の体恤（たいじゅつ）

①我々が統一教会に入って信仰していく場合にも、最初の出発点は何かというと、神に対して子供であるという実感、神の愛を中心とした子女の立場を復帰することであ

る。神より愛される自分であり、この偉大なる神のみ言を誇りとして、天宙にそれをたたえ得るような心情になっていない自分であったとしたら、それは神の子として神の娘として立つことはできない。神の権威を中心として、その基盤が立ったことを、自分が自然に感じるような権威をもたなければならない。堂々とサタンの本拠地へ天の息子としての権威をもって、自信満々、いかなることがあろうとも立ち向かっていける基準、それがあるかどうか。アダム・エバを犯したそのサタンを屈服し得る過程を通過しなければならない。そうでなければ、祝福の基準は立たない。（一九六九・二・四）

2 子供として生まれたなら、父母の愛を一〇〇パーセント受けなければなりません。（一九七〇・一〇・三）

3 一旦両親の完全な愛を満喫すると、人間は他のどんな偽りの愛も喜ぶことができない。彼らの愛が子供の愛のバックボーンを形成する。（一九七九・四・二二）

4 （人間は）神様の愛ゆえに生まれ、神様の愛の結晶として生まれてきた。（一九七八・一・二）

5 皆さんは、自分自体で完成するのではありません。純粋に、父母様の愛によって完成するのです。（一九七〇・一〇・一九）

6 先生はあなた方を心から愛しています。しかし、現在の状況のもとにおいては、あなた方に優しくすることはできないのです。それは今日の場合、あなた方に対する愛の表現とはならないのです。むしろ、残酷なまでに厳しくむち打たなければならないのです。（一九七七・四・一八）

7 子としては、やってもやっても、もっとやりたくて、そして、もっと探し求めるような心情だよ。神のためにやりたくてやりたくて、それが永遠に続くような心情だよ。こんな神様を自分の父として迎えるのが統一教会の食口（シック）だ。（一九七〇・一〇・一三）

8 我々は神から真なるものをもらった。神は、神のあらゆる精神を投入して造って我々に授けた。それに対応して我々は、あらゆる精神を神に捧げて孝の生活をする。それを見て神は創造したのを喜ぶ。人間を造ったことを喜ぶ。君を選んだことを楽しむ。（一九六五・一〇・三）

7、「兄弟姉妹の心情」の体恤（たいじゅつ）

①あなたが親を愛することができない限り、兄弟姉妹を愛することができない。また、親を愛すると同じように、兄弟姉妹を愛さねばならない。（一九七五・八・一二）

②親は……子供たちが自分たちを愛する以上に……兄弟姉妹を愛してほしいと願っている。（一九七七・二・八）

③人類万民はみな兄弟であり、姉妹である。イエス様を愛するような愛をもって、あらゆる人に当たっていかなければならない。日本人もアメリカ人も同じだね。神の子供、兄妹だよ。国境を越えた、そういう心情のもち主になった時、神はその民を、国を愛することができる。我々はそういうものを造っていくんだよ、この地上に。

すべての人間が兄弟姉妹という世界的心情をもたないと、神の子女とはなり得ない。……食口（シック）というのは素晴らしいんだよ。自分だけが良い物を食べるとしたら胸が詰まる。……良い床に寝る時も胸が詰まる。寒さに震える兄弟、食べられない兄弟がいたとしたら胸が詰まる。自分は、いっそ何もないほうが安らかである。だからみんな与

えてしまう。（一九六七・七・一〇）

4 兄弟姉妹と上手に暮らす人が外に出て異性と交際する時、とても自然にできるでしょう。肉欲的な、不健全な感情をもたずに兄弟姉妹のような感情をもつようになります。

（『祝福家庭と理想天国』〈Ⅰ〉一二六三―一二六四ページ）

5 男性や女性が生まれてから長い間の教育期間を経て、成熟した人格者になるのも、愛の理想的相対者に出会い幸福な生活を得るためのものだと言えます。（一九八六・一・三）

6 道を行って美男子と出会った時、もう一度見たいという思いをもつようになりますが、それが正に堕落の根性なのです。神様の息子、娘ならば、神様が決めてくれた配偶者でなければ少しの関心ももってはなりません。向かい合って見る、それ自体が罪悪ではありません。しかし関心をもって眺めるようになるとき、強力な堕落性が作用するようになり、予期し得ない事故を誘発し得るからです。それゆえ、道を行って美女や美男と出会ったとしても関心に満ちた目で見てはなりません。（一九八一・一一・八）

7 先生が、結婚しない男女はできるだけ握手をしないようにと言うのも、つないだ手を通して愛の電流が流れるからです。愛の火花が相手方に心の傷を与えるからです。愛によってつくられた傷は、この世の中のどんな薬でも治癒させられないのです。（一九八二・四・二六）

8 二十代に近い青少年として、汚されず染まらない聖なる純情を大切に保管し、これをどこに供えるべきでしょうか。天が一番喜ぶことのできる祭壇に供え、神様が喜ぶことのできる、そのような純情をもった男性と女性が出会って一つに結ばれ得る聖なる位置が、新郎新婦の出会う場ではないでしょうか。（一九七二・一〇・二四）

9 純情を得体の知れない男性に任せてはいけない。（一九六九・一〇・二五）

8、「夫婦の心情」の体恤

1 男性は神様の陽性性稟を、女性は神様の陰性性稟を代表した主体と対象です。神様の創造理念は両性の中和体としておられる神様の性相を二性に分立して、再び神様の二性性相に似た姿へと合性一体化するのです。（一九九八・七・一）

2 そもそも男として生まれてきたのは、男のため……ではない。女のために生まれてきた。女を目標として生まれている。女は男を目標として生まれている。（一九七四・五・八）

3 女性のすべての循環器を中心として身体構造が、男性を迎え結婚生活をすることによって正常な機能を営むようになっているのです。女性が結婚をせずに独身で生きることは、正常な行動や考えでないことを知らなければなりません。（一九八二・一〇・一七）

4 男性の完成は女性がいなければできない、ということが分かりませんでした。男性と女性は互いに半分なので、互いにために生きるところでのみ、完全な存在になります。（一九九五・三・三一）

5 女性にとって本当の幸福は、愛の主体者に出会うことです。（一九八三・四・二四）

6 神様の創造目的は……さらには神様の真の愛で一つになった真の夫婦になることでした。……そして、彼らが真の夫婦として完成していれば、それは神様の絶対的な愛の理想の完成を意味しました。（一九九六・四・一六）

⑦男と女は一八〇度違うのである。考え方もまるっきり違う……。女性は女性なりに一つの世界をもっているし、男は男の別の世界をもっている。（一九七七・二・八）

⑧合わないようになっているのが、完全に一つになるのは愛することによってである。（一九七六・一〇・二一）

⑨愛がなくて花嫁の役を果たそうという女性は、女性ではありません。愛がなくて夫の役を果たそうという男性は、男性ではありません。愛があることによって、男性は夫の役を果たすことができ、愛があることで、女性は花嫁の役を果たせます。（一九七一・五・七）

⑩女性は、神様の代身者として神様の愛を与えてくれる男性を得たいと願うのです。……永遠、不変、唯一、絶対的な愛です。だから女性は、このような神様の愛を表す男性、すなわち、女性を唯一、永遠、不変、絶対なる存在として愛してくれる男性を得たいと願うのです。女性が求めるのは自由でなく、自分を真に愛してくれる男がいれば、むしろその愛の囚人となることを求めるものです。そのような男性の前では、

何でも男性の言うままに従うことがむしろ喜びであるのです。……

　では、男性についてはどうでしょうか。男性も女性から同じようなことを求めます。そうでしょう。男たち、分かりますか。神様も正にそれを望んでいるのです。だから男性と女性がこのような水準の愛でお互いに愛し合う時に、神様を中心として一体化することができるのです。（一九七七・六・一七）

⑪夫と妻の生殖器の主人は誰でしょうか。夫の生殖器の主人は妻であり、妻のものの主人は夫です。生殖器の主人が互いに取り替えられていることを知りませんでした。簡単な真理です。これを否定できないというのです。千年、万年、歴史がいくら流れても、この真理は変わりません。あらゆる男性たちはそれが自分のものだと考え、またあらゆる女性たちもそれが自分の所有だと考えたために、世の中がこのように滅びつつあるのです。互いに主人を間違えているという話です。（一九九六・九・一五）

⑫男性と女性が結婚して、初愛の関係を結ぶその場から、神様の理想的愛が完成する定着地が生じるのです。……ですから、その場所は、愛の本然の地であるために、むやみに扱ってはならないというのです。それは愛の本宮です。多くの土宮の中で、最も中心たる宮を本宮といいます。愛の本宮、生命の本宮、血統の本宮であり、さらに

地上天国と天上天国の出発地なのです。人間が願っている自由と、幸福と、平和がそこから始まるのです。（一九九四・六・九）

9、「父母の心情」の体恤（たいじゅつ）

1 完全なる男性と女性の愛が純粋な神のみ旨の中で一つになり、結合されるところには、神の愛が臨在し、「私」の生命の起源が芽吹くようになるのです。（一九七六・二・八）
（『祝福家庭と理想天国』〈I〉四五二ページ）

2 子供は、その両親の……愛の結実、生命の結実、理想の結実。（一九七三・一〇・二〇）
（『御旨と世界』二五八ページ）

3 神様がいかに自分たちを愛したかということを体恤させるために、それを父母を通して新しく子供を生ませる。子供を生むというのは、それは神様がアダムとエバを造った当時のその苦労の過程を体恤させるとともに、心情の基準を体恤させるために、あるいは創造過程において神はいかに苦労し、苦労した結果においてその生まれたアダムとエバに対し、喜んだ心情の基準を神と相対的立場に立った人間として、共にそれ

を体恤させるために我々に子女を与えてくれた。（一九七一・九・一一）

4 子供を愛する中で父母の愛を体恤するようになり、さらには神の愛を感じ悟るようになるのです。（一九八三・四・二四）（『祝福家庭と理想天国』〈I〉一三六九ページ）

5 真の父母とは、どういう父母なのであろうか。それは自分の息子を永遠に至るまで、愛することに終わりのないものである。（一九八三・五・一）

6 与えても、みな忘れるのが父母の心です。……もっと良いものを与えられなくて不憫に思うのが父母の愛です。（一九七〇・一一・一五）

7 （夫婦が）創造理想の愛を中心として一つにならなければならない。……縦的愛の圏内に立体的な横的な愛が成立して、それで初めて真なる父母の立場が形成される。（一九七六・一・三一）

8 人が神様の利他的で無条件的な父母の愛を伝授された人格完成体となるとき、真の父母になります。（一九九五・八・二一）

⑨最終的な教育の責任をもつのは、社会でも政府でも世界でもなく、神は子供の教育に対する使命を両親に与えている。……両親こそが、子供たちの究極的な教師として彼らを指導し訓練して、人生の目的を与える最終的な人物なのである。（一九七八・三・一）

⑩父母が子を愛し尽くす姿は……どのように他人を愛し、尽くすべきかの手本である。これは神様が子女を愛し、育むことを、父母を神の位置に立たせて示すのである。（一九七三・六・一四）

⑪愛する子供を本当に教育するには、自分が本当にそういう者にならなければならない。（一九七七・二・八）

⑫愛は誰から学ぶのかというとき、それは父母に学ばなければなりません。（『祝福家庭と理想天国』〈I〉一二四九ページ）

⑬父母がまず苦労の路程を行ってこそ、父母のその苦労が元となって、子供が父母を慰労することのできる苦労の路程を行くのです。（一九七〇・一〇・一九）（『祝福家庭

と理想天国』〈Ｉ〉一三七九ページ）

⑭何よりも父母の愛が初めなのです。その愛を動機として、その愛で円満に育った人なら、愛がどのようなものであるかということが分かるようになります。お父さんとお母さんを愛しているので、父母の間の愛がどのようなものであるかということを、父母を通して学ぶようになります。……愛を体恤（たいじゅつ）することは、父母をもった立場でなくては成し得ないことです。（一九七二・九・一〇）（『祝福家庭と理想天国』〈Ｉ〉一三九二ページ）

⑮個人の性格と人格形成に一番大きな影響を及ぼすのが家庭です。家庭は人生において一番重要な愛の学校です。家庭で父母だけができる愛の教育、情緒教育を通して、子女に心情の深さと幅を育てます。これが子女の人格をつくる礎になります。また、家庭は子女に美徳と規範を教育する学校です。人はこのような情緒教育と規範教育を受けた土台の上に、知識教育、体育、技術教育を受けなければならないのが天道です。（一九九五・八・二二）

10、祝福

1 堕落によって人間は自己中心的になり、自己を中心として愛を求め、サタンの血統に生きるようになってしまったのだから、我々がサタン圏から解放されるためには、まず我々自身が、自己中心の人間から脱却しなければならない。そうすることによって、我々は善なる天使界に相当する立場に立つことができるのである。

次に重要なのは、愛によって霊の子女を生み殖やすことである。霊の子女を育て、一人前に完成させることによって、あなたたちもまた、完成した立場に立つことができるのである。このような霊の子女を少なくとも三名立てた時、それを基台としてあなたたちは、自分自身の肉の子女を生み殖やすに値する者となれるのである。

神が、エデンの園でアダムとエバを創造された時、神は一人で人間を創造されたのではなく、天使の助けを借りて、天使と共に人間を創造された。同じように再創造である復帰の過程においても、我々が自らを再創造するためには、神の助けと天使の助けを共に必要とする。そしてこれらの助けによって初めて我々は、自分自身を、完成したアダムへと再創造することができるのである。そうして、のちに、自ら自身の子女を創造することになる。

これらの過程を通過するには、七年間が必要である。それゆえに、あなたたちが完成に至るためには、三段階を通過することになるのである。第一段階は、堕落したサタン世界から分別することによって、復帰された天使の位置に立つ。第二は復帰されたアダム・エバの位置に立つ段階である。さらに第三は、子女を生むことによって父母の立場に立つ段階である。子女がなければ父母となることはできない。

我々自身は、サタン世界の中に生まれてきたのだから、復帰されたとはいっても、完全にサタン世界から分別しているわけではない。しかし、我々の子女は、祝福によって神の血統の中に生まれてくるから、我々もそれらの子女によって、より高い基準にまで高められるのである。だから、それらの子女が成長し、結婚するまで、あなた方は本当に細心の注意と愛を注がなければならない。

では、あなたたちがサタンの血統圏から神の血統圏へ入籍した、と認められるのはいつかというと、真の父母によって祝福される時である。この世に多くの結婚が行われているが、それらはすべてサタン圏の中での結婚である。我々統一教会が、真に誇り得るのは、我々の結婚は神のみ名によってなされ、それを通して、神の血統圏に入籍したと認められる祝福であるということである。

我々は祝福を通して、堕落と逆経路をたどることにより復帰されるのである。先生はこの秘密を解明することによって、サタンの妨害を退けて堕落人間が神に帰る復帰の道を開拓したのである。こうしたすべての路程を開拓するためには、誰かが、人一倍苦労して、道を切り開かなければならなかった。先生はこの道を開拓して、復帰の公式を確立したのである。あとに続くあなたたちは、この公式をよく理解して、それを応用して歩みさえすればいいのである。

最初に必要な子女は、霊の子女である。あなたたちは、霊の子女を基台として祝福を受け、肉の子女をもつことができるようになるのである。それらの子女がどんどん生み殖えることによって、あなたたちを中心として、あなたたちの家系が拡大していくことになるのである。すなわちあなたたち自身が、それぞれの家系における真の父母の立場に立つのである。

先生の願いは、あなたたちすべてが真の父母になってくれることである。これは単なる理論ではなく、先生自身が実際に歩んできた路程であり、この路程の公式が、個人、家庭、氏族、民族、国家、世界、天宙へと拡大していくのである。（一九七七・四・一八）

2 男性と女性が誤ることによってすべてを失ったので……祝福というのは……男性と女性が自分勝手に会うのではなく、神様を中心として正しく会う。（一九七八・一〇・二二）

③エデンの園において、結婚を誤ることによって堕落し、偽りの父母がこのような世界をつくってしまったので、真の父母が結婚させることによって元返すのです。（一九九九・三・一四）

④歴史的に数多くの先知先烈たちが犠牲となる代価を払いながら、天地のその何物とも替えることのできない価値を備えた蕩減（とうげん）路程を経てきたというのです。このような難しい因縁を経て、父母が四位（よんい）基台を備え、勝利の土台を築くことができなければなりません。これが祝福なのです。（『祝福家庭と理想天国』〈Ｉ〉七二〇ページ）

⑤真なる家庭を築く……このような起源をもてなかったために……今までのすべての家庭を否定して、新しく神の摂理の意向に従って、このような家庭的基準を踏み越えていかなければならない……。堕落した人間は、誰でもこの公式的な条件を経ていかなくては、神の前に立てないということを知らなければなりません。（『祝福家庭と理想天国』〈Ｉ〉七五一ページ）

⑥天国理想は、結婚して家庭をもたずには成されません。……ですから、未婚者はもちろんですが、既に結婚した人だとしても、一定の基準を備えて再祝福を受けなけれ

ばなりません。（『祝福家庭と理想天国』〈Ⅰ〉七五二ページ）

7 善男善女が一定の資格を備えれば祝福をしてあげるのは、永遠の神の息子、娘になれということです。（『祝福家庭と理想天国』〈Ⅰ〉一〇九三ページ）

11、純潔の伝統

1 男女というものはおかしなものでね、これは社会問題にもなるし、歴史的な問題にもなるし、権力の根本的な原因もそこから、というようになっている。それで今まで宗教も国家の指導理論としてもこれを問題視して、円満なる解決をするための要点を要求してきた。けれどもそれは解決されていない。まあ、若者として顔のきれいな女の子を見た時には、見まいとしてもぐるっと横目が回ってしまう。（笑い）そういう体験をするらしいな。（笑い）すました顔つきをして、「私はもう二十歳前後のお嬢さん、純情な心情は誰にも劣らない」といって胸を抱いて歩くような女の目でもね、素晴らしい男が目の前にのこのこやって来た時には……（ジェスチャー）（笑い）そういうのが罪かというと、その心情、そういう気持ちは罪ではない。春になって花を見れば歌が出る。こういう陽気な春の気持ちというもの、それは自然現象そのものである。人間もそうである。方向が間違ったから悪いのであって、方向を正常にしておけば罪にならないというんだね。そういう立場から見た場合、誰でも、いくら顔つきが悪い人でも、たちの悪い人でも、顔つきのいい人でも、見る選択の権利は誰もがもっているのだから、見るんだったら正々堂々と見ろ。（笑い）統一式に正々堂々とやれというんだね。しかし、そこで何かしてやろう、それはいけないというんだね。向かい合っても度は越えない。そこに素晴らしさがあると先生は思うんだね。（一九六九・二・四）

2理想相対という問題は、歴史（始まって）以来ずっと問題になっている。今の世界も、今後の歴史においても問題になる。ここにおいて、理想相対の絶対なる基準はいかなるものであるかを考えてみる。

美人としては美男子を望むのが当然であるか。そうではない。我々が「統一原理」によって教えられたことは、復帰という問題である。神が願う真なる理想相対、夫婦関係が失われてしまったから、このようなやっかいな世界になってしまった。それを取り戻すにはどうするか。男性として自分の喜ぶ女を迎える、女性として自分の喜ぶ男を迎える。その立場だけではない。その限界を乗り越えて、そこにはまだまだ立体性をかけ、神も喜び、万物すべてが喜ぶものでなければならない。そのような環境というものは、存在するすべてのものが、その夫婦に動員されて、それに応じなければならない。鳥は彼らにさえずり、蝶々(ちょうちょう)は喜んで飛ばなければならない。こういう現象界において神は喜び、人も喜び、万物すべてが喜び、小さな昆虫界も喜ぶ。こういう立場にあって我々先祖たちが出発したら、それこそ理想郷だ。

女の子の心の中にある男性といったら、神の愛するその男、そしてその似合いの男の心の中には、神の愛するその女。そして共にたたえた場合には、神もそれを望んで喜ばれ、万物のすべても喜び合う。彼らが抱き合うその喜びの基準が、天地共に喜ぶ価値になるというんだね。そこに抱き合う、男女それ自体、宇宙が一体になるその場であり、神の理想の姿である。創造本然の姿はそうであった。

自己中心愛

それが堕落によって、神と万物の因縁を切ってしまった。自分ながらの抱き合い、自分ながらのつき合い、自分を中心としての愛の占領主義、これを思う者はサタンのものであり、サタンの特権に振り回されていることを知らなければならない。

日本の場合は特にそうだ。若者たちがたくさんいるから、こうして団体生活をしていく中に復帰の実情を知って、厳然としたその位置を固守した立場をもたねばならない。神のみ旨が成就しなかったのは男女間の堕落である。だから、一人で神のみ旨を正すことはできない。男女共同して、そこに神のみ旨を立たせることによって、そこから社会、国家の問題が復帰の立場となる。それなくしては、国家も世界も、あるいは天宙も復帰できない、そういう結論になっているんだね。それを責任をもって担当し、忠実にそれを完遂し得る男女こそが、神の愛による因縁を再び成すことができる。それが今まで神の心中の望みであったにもかかわらず、中間過程において堕落してしまった。天使長の愛に従って抱き合った結果が堕落世界の始まりであり、長い過程を通過してきた世界の歴史は、苦闘の歴史となってしまった。これを復帰しなければならない。

愛の絶対基準

愛の持ち主はいったい誰か。愛の主人は誰か。男の立場から言った場合には、女がいなければ愛も何もあったものではない。愛の相対基準は男の前には、女である。女の前には男である。しかし、これは相対基準であって、愛の絶対基準には成り得ない。通過過程の存在としては認めるんだけれども、その主体としての価値を認める存在ではない。だから絶対的な立場にいる愛の持ち主、主人公は神様である。その神様の愛を、神様のみ旨のままに成さずして、それを横取りしようというのは、泥棒である。エデンの園を犯したその犯罪人である。これが分からなければならない。堕落後の先祖の血統を受け継いできた人類は、蒔いた種を刈り取る時期になったんだから、若者たちが身に余る行動を平気でやるようになってしまった。日本も多いんだろう。青少年たちが、まだ二十歳にもならない者たちが。これは、そういう種を蒔いたんだから、世界的に収穫しなければならない、秋の時期になってきたのを表徴している。しかし、こういう時が来た場合、理想的な新しい男女関係、理想的な相対基準、これをたたえるある者が、ある動きが現れてこないと、神がおられない結果になってしまう。こう考えた場合、理想相対という対象がこの地上の一角に現れて、騒がれだしたということは、世界においての限りない福音である。神が喜ぶ福音である。

悔い改めよ

統一教会の女の子たちは今まで培ってきたその心情を、路傍のつまらん男になんか握られるな。踏まれてはいけない。本当は信仰が深くなり、霊的体験をした場合などは、めちゃくちゃに行動できないというんだね。だから愛は神様から。自分からはサタンだよ。神様を押しのけて自分たち同士で愛し合おうという、これがサタンの世界である。

今まで自分ながらにそういうことやってきた者がいたら、先生の話を聞いた今から悔い改めなければならない。我々の先祖が誤った行動をして、とんでもない結果になってしまったわけだから、あなたたちは自分たち同士で結婚したりしたら、新しい先祖になれるどころか、とんでもない結果になってしまう。そんな立場で愛し合うことは絶対許さない。神にすべてを委ねなければならない。そうして結婚式をした場合、神様を真ん中において神共に喜ぶその顔を見ながら愛し合える、そういう関係、これが真の神様の喜びである。本来、恥ずべきものでもなく、一番貴いものであり神聖なものであったのに、神の法則を犯し、罪と悪の恥ずべきものとして歴史は流れてきた。

気持ちが良くないね。いろいろやってきたんだろ。手紙をやるのは平気だし、つき合うのも平気、ウインクなんかはもう通りがかりに鉛筆を買うぐらい、平気な顔してやっている。そんな者が祝福を受けるなんて、先生は気持ちが悪い。本来の祝福の基準は、気持ちの悪い環境は全然なかった。原理から見たら、あなたたちにはその権利はない。だから堕落した後孫（子孫）として、その時の基準を取り返さなければならない。神は真なる乙女と息子、神の愛をたっぷり受けたその子供を失った。そして男女同士を考えた場合、神を中心とした夫婦関係を失った。そして子供から見た場合、真なる父母の価値を失った。堕落の行動一つで、この三つがみな奪われた。だから、いかにしてこの三つの心情を一時に、蕩減（とうげん）復帰の原則によって、蕩減し、神認め得る基準を立てるかが問題である。まず神の前に真の娘、息子として神を愛する基準を復帰し、その過程を通過して、年頃になって神の愛を中心として夫婦が結ばれ、さらに神の喜び願う四位基台の善なる子女を生まなければならない。……いかなることにも、そこに蕩減という一つのことがあるというんだね。それは、あなたたちの復活の祭物期間だよ。だから、「蕩減条件、ありがとうございました」と言うんだね。その内容はいかにして立てるか。

聖書にもあるでしょう。全世界をもうけても自分の命を損したら何になるか。どんな代価を払っても、命を買い戻すことはできない。だから我々はそれを願う、命を願う。

だから男女関係において恋愛は許されない。寂しい？（「いいえ」）。本当のことを言いなさい、「はい、寂しいです」と。寂しい？（「いいえ」）。教えなくても、本心によって恐れているから分かるんだよ。こういう内的価値がはっきり分かった場合には、自分が過去において、この手で、ああいう手紙を書いた、サタンの手先になって、自分の手が動いたこと、これはたまらないほど悔しい！　何遍泣いても泣ききれない。この身でもって、その時は思いもつかなかったけれども、こういうことをなしてきた。サタンの汚れた血によって汚されたこの肉体。これを清算するために、自分の肉体を切って処分してしまいたい。しかし、そうして死んでしまうわけにはいかないから、それを清算するための条件が必要である。サタンに使われたこの手、この体、みんな一遍に飛ばしてしまって、神の愛によって始まった肉体はいずこにありや。汚れ果てた関係を保っていこうというのは、もってのほかである。こういう心情を体恤した？
神にとってエバは未来の奥さんである。なぜなら、アダムは神と一体となるのであるから神自身である。だから神は、自分の奥さんをサタンによって犯された。そのように神を蹂躙してきた者を、今まで始末していない。神は悲しみのうちにも、創造理想を取り戻す希望を抱いて我慢してきた。それを思う時、あなたたちもまた、自分のために神の奥さんを奪ってきて、いい気になって自分の子供たちまでみんな、父なる神を何とも思わないようにすることはできないだろう。しかし、これが今の堕落世界であり、サタンと神との関係である。そういう基準において、サタンは私たちの、神の怨讐である。あなたたちも、本来ならば堕落世界にあった。だから、どうせ復帰の道をたどらねばならないならば、一遍に終えてしまう。何事をやっても私は天辺にいたい、そういう燃え上がる心と訓練と力とで、本然の自身を発見していかなくてはならない。

我々が、「統一原理」によって教えられたのは心情圏である。この心情の基準は、堕落圏の先祖の基準を超えている。だからこれを分かって、もしも堕落した場合には、長成期完成基準において堕落させたサタンよりも怖い。サタンが彼を呪う。だから彼らには救いの道がない。そういう、恐ろしい恐ろしい最後の道があることを知らなければならない。それは真の父母をわきにして、天の神様をわきにして、直接、堕落の愛を増し加えることである。先祖の堕落は、まだそういう歴史が始まっていない圏内にあって犯された。しかし、これは歴史の限界を超した結果になって、サタンより以上に悪いことになる。そういう背後関係があったこと、今初めて分かったんだろう。

女性は注意せよ

だから女の子たち、特に女性は注意しなければならない。統一教会に入って従順なる女の子は、堕落前の女の子の立場である。そして従順なる信仰をもてばもつほど、周囲にいる男性たちがガヤガヤと付いてくる。見たくて見たくて、寝られないほどに恋い慕ってくる。男でも従順な信仰をもてば、一般の世間の女たちにはこういう現象が起こってくる。これらのことは、エバを見てサタンが燃え上がった現象であり、堕落したエバがアダムを犯そうと試みる現象である。それを体験することによって、この原理は永遠なる真理だということを実感することができる。そうでなければ、原理の価値はないだろう。ここまで乗り越えねばならない。こういうことを聞いてみるというと、今あなたの基準は、どういう基準かということが分かるだろう。それでもって、先生が来たら、さあ祝福だ、準備しよう、先生は人の事情はよく分かる人だから、少しばかりのことはよく見てくれるに違いない、そういう考えによって支配される先生ではないよ。

すべてを告白して

祝福されるには蕩減(とうげん)されなければならない。昔、汚れたことがあったら、洗ってしまわなければならない。自分の力によってそれをすることはできない。助け手が必要である。弁護士に助けてもらうためには、内心のあらゆる事情までみんな告白して訴えなければ分からない。そうすれば弁護士は、自分のことのような立場に立ってそれを弁護してくれる。そうでなければ助からない。それと同じように、先生はあなたたちの執り成しの弁護士になってやるよ。だから、あなたたちは「ああ言いたくない」と思っても、誰も知らない自分だけの秘密をみんな告白しなければならない。嫌なことがまたできたと思うの？　先生はもっと嫌だよ。本当は、先生の仕事はこういうものに付き合ってやるのが使命ではないよ。しかし、祝福するためには、こういう立場を通過しなければならない。汚れたものであるけれども、消しゴムやインク消しで消して、白い紙に戻したという条件が立ってこそ、初めて祝福がなされるのであって、それができなければ、もともとめちゃくちゃだから祝福も何もあったものではない。そうだろ？

先生には、こういうことがあるんだよ、霊界のほうから「先生、聞け」と言ってくる。聞いてみれば、みんなやっかいなことがあるんだよ。何のことか、みんなお金のことか、男女関係のことだ。先生はみんな分かるよ。だからそんなこと聞きたくない。しかし、彼らはそれをどうしても解決したい。今まで真っ暗な闇の中に隠されていたものが、白昼の中に飛び出すことになる。それはサタンの陣営が、白昼の中でぼろぼろになってしまうことである。だから新しい世界の出発基準が立つというんだね。

兄弟以上の男女関係で、互いに見る者はサタンの実体と同じだ。そういうものは絶対に許されない。そういう要素が少しでもあれば、切っていかなければならない。先生は今まで、新しい祝福、新しい家庭のための蕩減条件をあなたたちが立てるようにしてやって、みんなの重荷を私が責任もって背負ってやろうというふうにやった。しかし、先生が責任を果たしたにもかかわらず、あなたたちが天法を犯したとするならば、それは何十代の子孫にまで引っ掛かる恐ろしいことだよ。もしも、統一教会の心情圏を土台として、それを主張してきた者が、自分の気ままにつき合って、結婚して子供を生んだとするならば、原理の限界を超えて誰が責任をもつか。神も責任をもたない。旧約聖書では、淫行や姦淫の罪は石打ちで殺した。それ以上のものはどうするか。だから、日本においても、こういうことはもっと徹底しなければならない。（一九六九・二・四）

③祝福という問題についても、結婚というのは自分たちが動機になってやることは絶

対しない。堕落は自分ながらの出発である。そういうふうな原因で植えた世界は、そういう結果の収穫時期がある。それが現世である。だから自分の気ままにやるとみんな堕落する。アメリカなんか公園の木の下で二人で抱き合っていろんなことをする。エデンの園でエバがサタンの誘いによって堕落行為をするのと結局同じ。だから堕落世界の収穫期である。そういう愛による結実として収穫されてしまう。最後の世界の現象である。これを我々は完全になくしてしまう。あなたたち、恋愛したい？（「いいえ」）。お嫁に行きたいの？（「はい」）。じゃ恋愛したいということじゃないの？（笑い）あなたたちはもう天の神様の娘だよ。神様の娘として、自分じゃないんだよ。神様のものだよ。神様の娘だから神様の気ままにする。だから結婚という問題は自分の気ままにやっちゃいけない。もしも恋愛した場合には純然たる捧げ物をしなければ拭われないよ。蕩減過程を必要とする。だから女の子たちは絶対恋愛するな。男の子たちが何か横でペチャペチャしたら、「おい、このサタン、まだ残っているのか、サタンの実体よ、もう選手交代だ！」。そうするんだよ。（「はい」）。エヘヘなんてするなよ。（笑い）（一九七〇・一・二二）

4 結婚した場合、四十日の蕩減期間があるよ。聞いたことあるだろう。それは、イエス様の霊的復活ではなくして、死せずして復活の祝福圏に入るための蕩減としてやらなければならない。それは夫婦になって相愛する立場において、ある規則を通過しなければならない。こういう難しい蕩滅(とうげん)の道を勝利するために、自分の気ままな男女関係とか、そういう気持ちとか、そういう話し掛けというものを、今晩からは一切してはいけない。分かる？（「はい」）。祝福には必ず蕩滅がある。間違いなくある。そこには許しがないんだね。だから恐ろしい所だよ、統一教会は。これは脅迫じゃないよ、原理がそうなっているんだよ。原理の計画圏には一寸一画も許しがない。それを乗り越えなくては神の計画はなされない。そして、乗り越えればサタンは讒訴(ざんそ)できない。（一九六九・二・四）

12、家族・氏族復帰に対する主人意識

1 他人を自分の兄弟姉妹を愛するごとく、他人の両親を自分の両親のごとく、他人の祖父母を自分の祖父母のごとく愛する……。家庭生活とは、そのような愛を学ぶ場所である。（一九七五・三・七）

2 家庭が……社会の基本的単位であ（り）……全人類社会の根本単位なのである。……もし家庭に理想を見いだせなければ、理想の社会や国家を見いだすことは決して

できない。（一九七五・八・一一）

3 理想家庭の伝統と精神がなくては、理想世界が顕現することができません。（『真の父母』光言社版、二九七―二九八ページ）

4 家庭天国を先につくることができなければ、地上天国はできません。（一九六九・五・一二）

5 神の国は、家庭を中心として成されていくのである。神を中心とした家庭生活を体験することによって、天国は自動的にでき上がっていく。（一九七七・一・八）

6 父母の真の愛、兄弟の真の愛、夫婦の真の愛、子女の真の愛、このように四大愛を完成し、四大心情を体恤（たいじゅつ）することのできる最小単位が真なる家庭です。……したがって真の家庭は、人間が創造本然の真の愛と真の人格を育て上げる修練所であり、真の愛の学校です。……この真の家庭から輩出される真の愛の人格によってのみ、真なる社会、国家、世界の完成があり、すべての環境圏の創造理想が具現され得るのです。（一九九八・七・一）

⑦人は、故郷をもたなければならない。故郷をもって祖国をもたなければならない。（一九六五・一〇・三）

⑧まず最初に、君を生んだ親を愛せよ。その親の手が細くなったら、手を握って涙を流せ。子供の着た着物が、他の子供みたいないい着物でなかったら、その着物を握って涙を流せ。自分の兄弟に対して責任をもって、父母の身代わりとなる。そして日本国家の代表として兄貴の使命を全うし、そのようなことを話せる、その心持ちをもたない者が、どうして国を愛する？（一九六五・一〇・八）

⑨君たちの家族を連れて入らなければならない。奥さんは旦那さんを、旦那さんは奥さんを。そうでしょ、夫婦同士だから。夫婦同士、本当にこの道は死んでも行かなければならないと分かったとすれば、子供は行かない、そうなったら親は何としてでもその子供を神のほうに連れて行かなければならない。（一九六五・一〇・九）

⑩一生の間、伝道もせず、あなたたち（家族）は、あなたたちで生きなさいと言って、兄弟を放っておいたまま、自分だけ天国に行こうというのですか。（二〇〇七・九・二三）

⑪婦人部は婦人部が別個になって、壮年部は壮年部が別個になって、青年部は青年部が別個にやってる。このままではいけない。良いことだったら、全部が喜ばなければ、それは円満なる家庭じゃない。……男のほうの壮年部が動かないというと社会的基盤をつくることが難しい。（一九六五・一〇・七）

⑫君たちは教会に来ましたね。この若者たちも来たんだけれど、これでいいんじゃないんですよ。本当はね。一つの家庭とすれば、お爺さんもいれば、お婆さんもいなければならないし、みな誰も必要なんです。（一九六五・一〇・七）

⑬あんたたち、今から、父母を復帰。今までは日本においてはまずかったんだ。今からは家族を先に立たせれば良い環境にずーっと一回り回るんだよ。これから父母に対して一週間に一回ずつ手紙を出すんだね。お父さん、きょうは、こういうことを日本のために、アジアのために、万民のために、こういうことをやりました。こういう時には、お父さん、お母さんのことを考えました。お父さん、お母さんが、自分がこういう時代に生まれて、こういう活動に参加するような娘として生んでくれて、ありがとうというような思いをします。そして通りがかりの百貨店に何かいい物ないかと、

親に孝行したい思いをもって、こういう手拭いを、金がたくさんないから、もっと高い物買ってあげたいんですが、この一本の安い手拭いでも、親心に奉仕したいという思いで買って送りますから、受け取ってください、と手紙書くんだ。……それだから、あんたたち、手紙書けよ。自分が泣きながら書けば、親も泣くんだよ。間違いないんだよ。（一九七〇・一一・二六）

⑭故郷の地に帰って、両親の歓迎する中で、涙ぐみつつ、サタン世界のカイン圏を復帰するために苦労した証（あかし）をするのです。そうすれば兄姉たちは涙を流します。「ああ、そうだったのか」と。「そういう弟、妹に同情せずに反対した悪い親だった、悪い兄姉だった」と後悔します。（一九七八・九・二二）

⑮神を中心として、父母を中心として父母の前に孝行する、み旨の前に兄弟は一つになり得る教育をし、見本とならなければならない。そうするためには、父母たちが教育しなければならない。今まで子女たちは、学校で教育したのだけれども、これからは父母が教育しなければならない。父と母が一つとなって見本を見せることによって、子供たちは兄弟間においてもその見本にならって、男性はこう生きなければならないという、女性はこのように大切にしなければならないという、そのような伝統を立て

て、新しい家庭をつくらなければならない。そのような家庭を中心として、すべての周り近所の見本になるし、自分の親戚全体の見本になる。そうすることによって一つの統一圏が始まるのである。なぜこうなるかといえば、内容を追求するようになれば、統一教会を信じ、神の創造理想的愛を中心として生活し、家庭をつくるからである。このようになれば、自然に近所の人々がその家に集まり、相談に来るようになり、そして親戚全体も何か事があれば、すべて相談しに集まってくるようになる。（一九七六・一・三二）

⑯先生にはたくさんの兄弟がいますね。先生のために多大の犠牲を払ってでも奉仕するという兄弟がたくさんいます。そういう兄弟に対して、天宙復帰するという自分がいかに尊いかということを分かっていながら、自分の兄弟に立たせる天的基準があったため、その段階まで引き上げる闘いをしてきたんです。

それを思うと、君たちは来たるべき恵沢圏内に入っている。君たちは家族に対して君たち自身がいくら伝道しても、サタンのほうから讒訴されない段階を迎えました。これは先生がサタンに対して果たし得た勝利の結果です。

だから今からは、君たちは自分の父母と親戚に対してこれを救わなければならない。そういう時代である。だから、親を伝道する。自分の兄弟を伝道する。それで一つになって神に奉仕する。家族全体がそうなる。親族同士でそういう部落を造る。氏族がそういう氏族になる。そして国に奉仕する。一体化して奉仕する段階になれば、その氏族は全民族を動かす氏族になるでしょう。（一九六五・一〇・九）

⑰あなたたちにおいては先生と違って、今から第二次七年路程が始まった以上は、自分の血統的、親、兄弟に対して自分の貴いものを直接与えることができる圏内にあるのだから、統一教会の食口(シック)たちは結局、氏族のメシヤの立場に当たる。氏族のメシヤとして、第二次七年路程において成すことは先生の成し得なかった、イエス様の成し得なかったことをあなたたちの氏族を中心として、親を中心として、兄弟を中心として、新しく成すがためにあるのであり、それによって神のほうの蕩減(とうげん)をみな完成させようという（のです）。（一九六九・二・二）

⑱（先生の）父母が霊界に逝かれたことを思えば言葉を失います。しかし、皆さんの故郷で皆さんの数多くの親戚たちが、私の母、父、兄弟の代わりに解放されることを思いながら、そのことを忘れて祝福してあげるのです。（一九八八・六・一五）

⑲先生の代わりに、先生ができなかったことを復帰しなければなりません。皆さんの

父母、兄弟姉妹、そして親戚を、先生が愛そうとしたように愛する努力をしてください。先生がどれほど彼らを伝道したいと思い、原理を詳しく教えてあげたかったか、想像できますか?（一九七二・一二・二七）

⑳イエス様が当時、立てるべきであった氏族的基準を超え得る責任を、皆さんが一人残らず全うしなければならないのです。結局、皆さんが問題になるのであります。それは個人完成、家庭完成、そして氏族基準にまで引き上げることであります。イエス様が十二弟子、七十人門徒、百二十人門徒を率いる立場に立たなければならないのです。それで統一教会は、氏族復帰と言うのです。それゆえに、イエス様当時に立てることができなかった立場を再現し、この歴史路程において、数多くの先人たちがキリスト教史を通して真を尽くしてきたそれ以上の基準で、皆さんが真を尽くさねばなりません。そして国家を経て、世界へ前進してこそ、成就されるのであります。（一九七三・一・二）

㉑氏族は、私の手によって救うんだ。氏族の責任をどこへ行ってももつ。（一九六五・一〇・九）

㉒祝福を受ければ、家庭を成し、氏族を成さなければなりません。民族を救うことよりも、自分の氏族を中心として氏族的なメシヤの使命を担っていかなければならないのです。……氏族的なメシヤの基盤を築くのです。（一九六八・一・一）

㉓統一教会の祝福家庭はその昔、イスラエルを中心としユダヤ教を通してメシヤを待ち望んでいた、そういう位置に置かれているのではなく、メシヤを現実的に迎えて氏族の編成をなし、また一段階前に進んだ、そういう立場に置かれているのであります。……今から皆様は家庭を率いて、氏族のほうに向かわなければならないのであります。皆様は氏族を動かして、新しい始祖としての伝統を立てなければなりません。このような時代が、我々の目の前に近づいてきたわけでありますから、今から我々は家庭的な苦難の道をたどらなければならないのであります。……

七〇年代は、家庭の十字架を背負い、家庭的勝利の基礎をつくる時であります。民族も家庭を通して構成されるのであるし、国家もまた、家庭的勝利の基盤を通して創られる……。

家庭に大きな難関がぶつかってくるといって、我々が「あわれな者」となったと考えてはなりません。「二つが共にいい」ということは、難しいことであります。山が高ければ、谷底も深いのであります。高い山に登るためには、深い谷底に下りなければばならないということが、自然の理ではありませんか。……

今までは、外的な分野を中心として、「嘆き」の壁をぶち壊すために、我々は苦難の道を歩いてきました。血を抜いて売りました。身に着ける着物もなく、また我々は飢えながらも、非難されながらも、この道を歩いてきました。というのは、我々は天のあらゆる与件を中心として我々だけが主張し得る内容をもっているために、消耗戦を敢行してきたのであります。

歴史時代を超え、何千年ぶりに訪れてくる一時を迎えて、我々は打たれるときは思い切って打たれなければなりません。そして勝利的家庭をつくらなければならないのであります。

家庭的に打ち寄せてくる十字架を、喜びをもって背負い、各々の家庭が世界に向かって力強く広がっていくようになるとき、これが天の祝福を受けた家庭として成し遂げなければならない責任であるということを、いま一度皆様が深く心に刻まなければなりません。（一九七〇・一〇・三〇　ソウル）

13、民族・国家に対する主人意識

1 神様のみ旨とは何ですか。この世界人類を神様が愛する民として造り、この地球を

神様が愛する国土として造り、この国土と民を合わせて一つの主権国家をつくろうとされた。（一九七二・五・一四）

2 地球上にあるすべての国は……神様が本来、願われた姿ではありません。ですから、このような堕落世界を否定し、新しい神様の国を再び創造しなければならないのです。（一九七一・一・三〇）

3 メシヤを送った目的がどこにあったのか。……ユダヤ教とイスラエルが一つになった基盤の上に、イエス様を中心として一つの絶対的な国家を形成してローマ帝国を吸収していたなら、世界は既に神様が主管できる地球になったことでしょう。それができなかったので、再現しながら今まで探してきたのです。（一九七二・五・一四）

4 故郷を愛した者が国を愛し得るし、故郷と国を愛する者が世界を愛する。（一九六五・一〇・三）

5 国を愛せない者は、天を愛せない。（一九六五・一〇・八）

6 全日本におきまして一番難しい所、国家的その悩みとされるその所、そこに我が立つ。十年、百年、私たちの目的が達し得るまで立ってゆく。（一九六五・九・二九）

7 日本に対して神が背負った十字架を、君たちが身代わりとして背負わなけりゃならない。大胆に先頭に立ってその十字架を背負う人は……日本に対しての神の最高の心情を相続することができる。（一九六五・一・二九）

8 成約聖徒は、日本にあるいかなるものより強き者となって、他に負けてはならない。（一九六五・二・一）

9 勝負は、力の強弱によって決まる。神と直接的に関係ない歴史的な環境とその基盤の上に立っているこの日本を、神のほうから復帰するにはいかにするか。このような日本に対して、我々成約聖徒が蕩滅（とうげん）の力をいかに加えるか、そして天のほうから、それに対応すべき力をいかに加えるか。そうしてその加えたその力が、今までの日本の歴史基準に立って加えられてきた力よりも強くなければ、日本を復帰することはできない、ということになるんですね。だからここにおきまして、我々はこの境界に立っている。（一九六五・二・三）

⑩日本の三分の一以上が壮年圏に入っていますよ。壮年圏。これらが現在、あらゆる社会の部門におきまして、働く重要な任務を背負っている。それをさておいて何するか。……壮年部が発展するように努めることを願います。……やがて最後の問題を完結しなければならないという段階に入るというと、これは青年よりは壮年ですね。（一九六五・一〇・九）

⑪壮年部自体が責任観念に燃えていない。……女だけでは完成できないんですよ。……男は大きな仕事をする。女の人がやるとしても限りがある。（一九六五・一〇・七）

⑫アメリカ人の一人として、あなた方は愛国者でしょうか、それともそうではないでしょうか。あなた方は何事も、素晴らしいことが好きなようです。……自分の理想を唱えることは素晴らしいことですが、でもあなた方は、自分の国のために死ねるでしょうか。国を繁栄させることは容易なことですか、難しいことですか。……

　誰でもおなかがすいたときは、食欲にかられます。つまり、食欲を否定することは自然の流れに逆らうことになるわけです。私たちが何かを成そうとするときでさえ、睡眠や娯楽を切ることは生易しいことではありません。しかし、国の繁栄のためには喜んで切っていかなければなりません。自分の欲するものを喜んで犠牲にできる人こそが、国の繁栄度を決定する人です。

もし私たちが、国のために自分たちの快楽を喜んで犠牲にして、国全体の若者たちに呼びかけて一生懸命働くよう激励できるならば、現在だけでなく未来も、国は無限に繁栄していくということになるのです。……アメリカにおいて当然のことのように行われている若者同士のデートや、いわゆる自由というものは、国家の公的な目的のためには簡単に犠牲にできるものなのです。私たちが考慮しなければならない重大なことは、もっと他にあるのです。心ある者ならば、この国が果たしてこのまま繁栄を続けていけるだろうかと考えざるを得ないであろうと思います。暑い夏が来れば、人はみなバケーションに出掛け、涼しい所で数週間を過ごします。こういった国家レベルの恵みが、何の障害に出くわすことなく、際限なく続くものでしょうか。国家にこのような余裕があるはずはないのです。

人というものは、一度良い経験をすると、次にはもっと良いものを求めるものです。おいしい食物を口にすると、次にはもっとおいしい物を欲するようになるのです。何か素晴らしいものを見たとき、初めは印象づけられるけれども、次に見るときにはもっと素晴らしいものを望むのです。それは止まることを知りません。贅沢な生活に慣れてしまった人々が、もし田舎に行って質素な生活をしなければならない破目に陥ったとしたら、彼らはどうしていいか分からず騒ぎ出すでしょう。他方、もし誰かがあなた方に定期的に楽をさせ、普段は極く質素に犠牲の生活をするように指示したとしたら、ある期間が過ぎればどちらの生活に転換しても気にならなくなるでしょう。……

例えば、アメリカの大統領が国民に向かって、こう叫ぶとしましょう。「昨年、あなた方は十分バケーションを楽しんだことと思います。今年のバケーションはアフリカに出掛けて、アフリカの人々に奉仕しましょう。それが終わったら帰国してください」。もし、アメリカの人々がこのアイデアを喜んで受け入れるとしたら、この国は繁栄していくことでしょう。しかし、この考え方に賛同できないようであるならば、この国の未来は大したことがありません。あなた方は頭のいい学生たちばかりですが、自分の頭の中でこういうことを現実のこととして考えたことがありますか。人はまだ誰も、この考えを実践しようと真剣に考えてはいないのです。しかし、私たちは、人々が遊んでいる間に、そして彼らがやっと自覚するようになるまでの間にやり遂げてしまうのです。

たとえ私たちに、食べる物や着る物、遊ぶ時間などが十分にないとしても、私たちの犠牲と努力は、国家の繁栄を築く最大の原動力となっているのです。犠牲という基本なくしては、アメリカの将来は厳しいし、それればかりではなく、アメリカの人々を生かす何ものをも見いだすことができません。私たちは、この哲学とライフスタイルがこの国にとって絶対に必要であるということを、何度も何度も自分自身に言いきかせなければなりません。アメリカの若者たちがこれを自覚すればするほど、アメリカは輝かしい未来をもたらしてくれる機会に恵まれることでしょう。……

神様は世界の現状を御覧になって、どのようにお考えでしょうか。間違いなく私たちと同じように考えておられるのです。あなた方は、神様の背負われている重荷がどのようなものであるか、考えたことがありますか。……

神の第一の悩みは、いかにしてすべての宗教を一つに統一させるかということであり、それによって宗教本来の目的を取り戻して、神のみ旨に参画させようと考えておられるのです。メソジスト教徒たちはみな、自分たちの教会が発展するように祈祷していますが、それは四百ほどあるキリスト教の教派の一つにすぎません。……

神様の二番目の問題は、いかにして分裂してしまっている国家を一つにするかということです。神は人間同士の分裂、争いを一度たりとも願われたことがありません。全人類が一つの国として、共に生きていくのを望んでおられるのです。……アメリカは、「神のもとにおける一つの国」というモットーを取り入れるにふさわしい国でした。しかし、「神のもとにおける一つの世界」を呼びかけることのほうが、より素晴らしいのです。アメリカは、まだまだそこに至ってはいません。神様の今日の課題は、すべての国々を一つにさせることなのです。……

もしあなた方が、自分の背中に何か荷を背負っていくとしたら、重い物を担ぎますか、それとも軽い物にしますか。……私たちは、神様がなさっておられる仕事をなし、神様が引き受けておられる重荷を引き受けようとするからこそ誇れるのです。……私は誰かに強制されてこの仕事をしているのではありません。私は、この道が好きでたまらないから歩んでいるのです。……

その神様の悩みは何かというと、キリスト教の衰退という問題です。キリスト教の精神こそが、この国において、様々な異なる人種を融合し共に生活することを可能ならしめてきたのです。もし、キリスト教がないならば、五つもの人種がくっ付き合って生活するということは考えられないことです。ひとたびこの基盤が崩れ始めれば、多くの略奪者が現れてきて、この国をバラバラに分裂させてしまうことでしょう。もしキリスト教が滅びることにでもなれば、そのようなことがアメリカに起こってくるのです。ですからもう一度、キリスト教を再興させることこそが、この国にとって最も急がれるべき仕事だと思いませんか。アメリカの指導者たちは、こういったことに全く気がつかずいるのです。……

アメリカの第二の問題が若い人たちの道徳の退廃であることは、あなた方もよく分かっているはずです。軍備力や巨大な経済力、知識、コンピューターなどを使って、この問題が解決できるとあなた方は思いますか。……こうした弱みを共産主義者たちはよく知って、侵入してくるのです。まるで彼らが解決方法を知ってでもいるかのような素振りをするのです。神を否定し、すべてを破壊してしまうこの力が、アメリカの三番目の脅威なのです。……

今日の終末のとき、誰かが現れなければなりません。……神のとてつもなく大きな重荷を、確信をもって背負っていく者が現れなければならないのです。……もしあなた方が、自分の背中に何か荷を背負っていくとしたら、重い物を担ぎますか、それとも軽い物にしますか。……イエス様のように不平を言うことなく、十字架と重荷を背負っていく用意ができていますか。（一九七八・五・七　ベルベディア）

14、世界に対する主人意識

1 神の主義は大家族主義である。（一九七七・一・一）

2 世界人類は一つの兄弟です。神の愛を中心として、神は父母だということを考えるとき、世界人類は一つの兄弟です。（一九七八・三・九）

3 世界を一つの家族にすることには、みな思いが通じる。同じ事情と生活感情が通ず

るような理解の世界をつくる。(一九六七・七・一〇)

4 私たちは何主義でしょうか。家庭主義です。私たちが標榜(ひょうぼう)する天宙主義は、天国の天の字に家の宙の字、すなわち天の家主義だというのです。(一九六九・一〇・一八)『祝福家庭と理想天国』〈I〉一二七一ページ)

5 故郷と国を愛する者が世界を愛する。(一九六五・一〇・三)

6 聖人とは、国境を越えて世界の人を愛する人です。したがって、聖人の道理は人種を越えて世界を収拾していくのです。(一九八九・一〇・一二)

7 神様が祝福してくださったのは、自分たち(だけ)のためにではなく、氏族復帰のため、民族復帰のため、世界復帰のため、天宙復帰のためにしてくださったのである。(『祝福家庭と理想天国』〈I〉三七六ページ)

8 私たち自体が氏族復帰……をなすことによって……世界に通ずる勝利基台が得られます。それは飛躍的に、神の世界までジャンプすることができるのです。(一九七八・

九・二三）

⑨君たちは日本の話しかしないというんですよ。……日本人より以上の日本人が必要だ。世界圏の中の日本人。神には世界的日本人が必要である。（一九六五・二・一二）

⑩一国を神に捧げて全世界に対して供え物になり得る国民があれば、今後の世界は、その国を中心として回る。これは鉄則である。（一九六五・九・二九）

⑪日本国民として世界的十字架圏内にまで君たちが足を踏み入れて、そこで神を慰め得る民族とならなければ、君たちは世界的勝利を迎える神を迎えることはできない。だから神は、日本民族に日本的十字架を負わせ、世界的十字架を負わせる。重い十字架を負うほど神が信頼できる立場に立つ。神は神の目的圏における責任を求めている。それが勝利となれば、日本も世界的になる。（一九六五・二・一〇）

⑫あなた方の使命は何か。世界を一つにすること、神のみ旨を成就することです。あなた方は、素晴らしい言葉を知っている。しかし、まだまだ道は遠い。……統一教会は今、貧しい状態にあります。あなた方は、自分の部屋すらもっていません。狭い

場所に眠ったり起きたりしています。あなた方は、ジプシーやかたつむりのようです。その上、殻さえもっていません。さらに最悪の場合は、両親たちが「お前はもう私の息子でも娘でもない。レバレンド・ムーンの子供だ」と言って裁判に訴えています。そして自分の子供たちを誘拐し、法廷で訴えています。……

神は、私たちに注目し、同情しています。なぜあなた方は、ここに集まっているのでしょうか。あなた方は、小さくてまるでかたつむりのようだけど、「世界を救い、人類を救うのだ」と大きなことをいつも考えています。本当にそうしようと思っているのですか。あなた方には、「イレブンカー（二本の足）」しかありません。あなた方は毎日、何を食べていますか。普通の人が食べたがらないものを食べています。それでも世界を救い、人類を救うという情熱をもっています。あなた方のしている仕事は、普通の人々が好まない内容です。あなた方は、普通の人々から見たら到底考えられないことをしています。それでも人類と世界を救うために、と信じているのです。……あなた方の情熱の野心は、人類と世界を救うことです。……

しかしあなた方が、私に付いてくるのは非常に難しいことです。……あなた方は、本当に真の父母が必要だと思っていますか。……

個人個人が、すべての困難に打ち勝ち、神のみ旨を果たすという確信を、心の中に刻み込まなければなりません。これが、目的を成就するための道です。……

神はアダム以後、六千年の間とてつもない苦い経験してきたので、人間を信頼することができません。しかし今、全統一食口が先生を中心として一つになって、思想を実践するという確信をもって出発しようとしています。ですから神は、あなた方に希望をもっておられるに違いありません。私を通して語られた原理は、素晴らしいものです。それを受け入れ、信じているあなた方を見て、神は称賛しておられます。問題は、いかにそれを実行するかです。神を知らない人々は、私たちに反対し、妨害し、邪魔してきます。しかし問題は、いかに私たちが実行するかです。……私の責任は、好むと好まざるとにかかわらず、すべての人々に真理のみ言を広めることです。……

この世界の一切の難しい問題に責任をもたなければなりません。そして自分を押し出さなければなりません。このようなタイプの人が、この教会の主人となり、指導者となります。あなた方一人一人がこれを実行し、横的に展開するなら、神から信頼される者となることができます。

言うのは易しいけれど、実行することは難しいのです。今からは毎朝、鏡を見て、自分はこのような種類の人間として資格があるかどうか、尋ねてみるとよいのです。ペテロでさえも忠誠を約束し、誓ったにもかかわらず、三度も裏切ったのです。非常に難しいのです。神のみ旨を果たすために、自分の生命を懸ける覚悟をしておかなければなりません。……

伝道や活動をしながら、人類と世界を救うといっているのを、この世的に見ると非常に惨めに見えます。このような惨めさを抱いた時は、理想の世界と反対の世界を見つめている神に波長を合わせて、神の気持ちを自分の中に感じなければなりません。悲しかったり、惨めになった時は、いつも天の父の立場を思うことが大切です。天の父も、同じように悲しく惨めに感じている、という経験をしたことがありますか。もしそのように感じたならば、その時こそ神は、あなたと共におられるのです。もし天の心情と結ばれているなら、たとえ実績が少なくとも、問題ではありません。霊的には価値が高いのです。

ここで、もう一度決意しておかなければなりません。たとえ私たちが少数であったとしても、復帰する実績が少なくとも、それは人類と世界の救いに直結している。そういう考えを統一食口(シック)はもたなければなりません。伝動や活動の時、そのような考えで実践するなら、神はあなた方を最も価値あるものと考えるでしょう。

神の目から見る時、この少数の人間が神のみ旨と理想をこの地上に実現するというのは、ある意味では惨めに見えるけれど、希望があるのです。たとえ少人数であったとしても、私たちは、天の理想を代表したものであり、未来においてこの地上に理想を実現するための希望です。……

私たちは、このような天の仕事を成すことのできる唯一の存在です。神が未来に希望をもつことができるように、行動を通して神に刺激を与えなければなりません。……現在神は、誰に頼ることができるのでしょうか。私たち以外にはいないのです。私も、あなた方を信頼する以外ないのです。……

今までいかに多くの蕩減を払ってきたとしても、もし勝利できないならば、今までの蕩減は無駄になってしまう。ですから勝利に向かって前進しなければなりません。迫害が来れば来るほど、より強い確信をもって行動しなければなりません。……思想を行動に移すことを習慣としなければなりません。……

あなた方の生活は、まるで避難民のようです。……あなた方は、神の命令が来たら、どこへ行くのか分からなくても、言い訳したり、不平を言ってはなりません。もしアフリカとか共産圏へ行け、という命令だとしても、出発する準備をしていなければなりません。あなた方の行動は、世の人々との行動とは完全に違っています。私は、あなた方が将来どういう人になるだろうかと、いつも関心をもっています。見た目に弱そうな者であっても、私の思想を受け継ぎ、それを行動に移すなら、五年あるいは十年もすれば、このアメリカの指導者になることができるでしょうか。私はそう思います。……

この世界には、数多くの宗教や文化、文明がありますが、神の目から見たら、私を中心とする統一教会の食口以外に信頼できる者はいないのです。神は、私たち一人一人に依頼しているのです。地上天国は、私の地上天国です。「私は自分の手で地上に理想の天国を建設する」と決意しましょう。霊界に行く時、どのような心情をもつか。五種類の皮膚の色をもった人種が、共に手と手をつないで、自分の霊の子と共に霊界に行くのです。このような心構えを準備しなければなりません。

全世界に希望を与えることができるのは、私たちだけです。ですから私たちは、自分を誇らなければなりません。理想の天国を成し遂げるのは、地上に、ただ私たちだけです。ですから一生懸命働き、ただひたすら前進しなければなりません。そうすれば私と神は、あなた方個人個人を頼りにするでしょう。このような行動をする人間になろうと決意しましょう。（一九七七・六・一）

⑬今集まっている皆様の中には、年齢的に見て、いろいろの人たちがいるでしょう。三十代、四十代、あるいは六十代の人々もいるでしょう。しかし、年を取ったといって失望する必要はありません。今まで過ごしてきた自分の生涯が自分の理想としてきたところまで行っていないとしても、決して失望してはなりません。そういう人たちは、より一層努力するため全生涯を集約的に整理して、民族と国家と世界のために投入する準備をする必要があります。また、二十代、三十代の若い人々は、国家のため、全人類の歴史のために、大きな希望を抱いていることでしょう。しかし、希望を抱く

ということだけでは問題になりません。

問題は、我々が環境に主管されるのではなく、環境を主管しながら、あるいは環境に影響を与えながら、寂しい人々を慰め、無力な弱い人々に力を与えつつ、未来のための希望を彼らに提示しながら、自分がいかなる生涯を送るべきかという点について深く考えなければなりません。もし、我々統一教会の食口(シック)たちがこのようなことをしなければならない天命を受けているとするならば、我々は生涯をいかに送るべきであるか、これが重大な問題になるのです。ここにおいて、皆様は歴史の復活体にならなければならないのです。

理想と現実

この国で生涯を送ったのち、死んでいった我々の祖先たちのことについて考えてみましょう。彼らは、この国がアジアにおいて、かくも弱い国家として存在することを望んだでしょうか。(彼らは)もっと富強な国として栄えることを望んだのであり、また望んでいるのではないでしょうか。それでは、果たして我々の祖先たちが希望としてもっていたその理想を、この地上で、いつ実現させてあげることができるでしょうか。我々は、その希望を実現させてあげる実体としての条件を、この地上においてつくり上げなければならないのです。これが問題なのです。

それゆえに、我々は国民に希望的刺激を与え、彼らに未来に対する新しい希望を与えなければなりません。こういう点において、我々は確固たる主体性を保たなければならないのです。しかし、果たして今、皆様がこういう実体になっているか、これが重大な問題なのです。「私でなければならない」。少なくとも私が受けもっている分野においては、私でなければならないのです。こういう自信をしっかり抱いて、自分の周囲をして協調せしめる、そういう立場に立っていなければならないのです。こういう立場から現在を眺める時、我々は果たしていかなる作戦を展開させなくてはならないか、これがまた問題となるのです。

死んでも復活する

正常的な作戦をするか。すなわち、宣戦布告をして戦うべきか。「我々は、これだけの十分な数と力をもっている。それだから、君たちと一つ取り組んでみよう」、こういう態度を、今の我々が果たしてとることができるでしょうか？

いまだ、そういうところまで行っていないのです。それではどういう作戦をとるべきか、我々にとっては、これを成し遂げるために、ただ一つの作戦しかない。それは奇襲作戦である。

いつ、それを敢行すべきか、真昼に奇襲作戦を行うべきでしょうか。そういう人はいないでしょう。真夜中にやるのが当然です。真夜中といってもいろいろあります。静かな真夜中と、嵐が吹きまくる真夜中があるとすれば、我々は嵐が吹きすさぶ真夜中に作戦を敢行するのです。誰もが嫌い、誰もが動こうとしない真夜中に攻めていくのです。

こういう道は、平坦(へいたん)な道ではありません。険しい山の絶頂を登るような道です。茨の道です。生死を決定する最も険しい道に違いありません。そして、特攻隊でなくては、このような道を突破することはできません。今の、この国の中で、誰が、どの団体が、この特攻隊になり得るでしょうか。それは、我々統一教会の食口(シック)たち以外にないのです。

それでは、我々はいったいどのような精神的態度をもって、この道を突進しなくてはならないでしょうか。敵陣に攻め込む途中、あるいは敵陣に攻め込んでいって、「そこで死んでもいい」、こういう態度ではいけません。「我々は死んでも必ず復活する」、こういう自信のある精神的態度をもって、これに臨まなければならないのです。結局は、この問題に帰着するのです。こういう確固たる態度でなくては、そのような難しい使命を全うすることはできません。我々は、このような信仰の道を歩かなければなりません。あくまでも信仰を通して行くのです。信仰的希望を抱いて行くのです。どれほど長い時間がかかっても、この道をたどって進まなければなりません。

我々一代でこの使命が達せられない場合には、遺言を通して後孫になさしめてでも、これを成し遂げなければならないのです。それでなければ、天の遺業を完成するという我々の使命は全うされないというのです。

一人残されても

このような立場から考える時、統一教会の歩むべき道は決して平坦なものではありません。誰も想像もできないほどの奇跡を通して、勝利しなければならない我々の運命であるということを、皆様がはっきり自覚しなければならないのです。こういう点から、我々は、新しい立場で我々自身を見直し、また批判しなければなりません。統一教会を指導している者も、そうでなければならないし、また指導者のあとを付いていく皆様も、そうでなければなりません。我々はこの目的のために生き、この目的のために死ななければならないのです。あらゆる努力を、この目的のために集中させせなくてはなりません。

天と共に行こう

イエス様がそういう生涯を送ったのです。イエス様は、あらゆる境遇において天と共に歩いた人でした。こういう道のみが、歴史を受け継ぎ得る唯一なる新しい伝統の因縁を、サタンの世界の中に根深く植え付けることのできる道です。それは、イエス様が最後に、「わたしの思いのままにではなく、みこころのままになさって下さい」（マタイ二六・三九）と言いながら死んでいったその態度の中に、あらゆるものが含まれているのです。それゆえに、我々は天の意志と一致する、そういう道を歩かなければなりません。我々にとってはこの道が、一番正しい道に違いありません。

イエス様がそういう道を歩かれたために、彼の理想は歴史と共に動いて、今日の世界に重大なる影響を与えているのです。イエス様がそうであったために、キリスト教は世界的な宗教として発展しなくてはならなかったのです。こういう宗教は決して滅びません。そういう宗教的な道が勝利の基盤をつくり上げ、伝統のきずなを固く植え付けることのできる唯一の道であるということを、我々ははっきりと知らなくてはなりません。今日において、我々統一教会が歩いている道も、これと全く同じ道です。我々の教会は、世界のために建てられたのです。世界の生死の問題を解決するために建てられた教会なのです。

この国には三十八度線が置かれています。しかし、三十八度線よりももっと大きいものがあっても、これを解決する覚悟がなければなりません。今、我々が深く考えなければならないことは、この国の三十八度線は問題ではないということです。中国とソ連の三十八度線がまだ残っているということを忘れてはなりません。韓国の三十八度線は、将来、中国あるいはソ連の三十八度線を取り除くための、一種の予備訓練のためにつくられたものなのです。もし、我々がこの国の三十八度線を解決し、さらにこれを乗り越えて、第二、第三の世界的な三十八度線を解決するとするならば、我々は新しい世界に対する主体性をもつことができるでしょうし、また新しい世界の方向を提示することができるでしょう。それゆえに、我々には、世界的な共産主義を徹底的に撃破できる実力をいかにして保ち得るか、これが問題なのです。……

生涯を通して何を残すか

一方、我々としては、個人として成功するということよりも、世界的な、歴史的な、天宙的な、広大なる目的に対して貢献することがどれだけ重要であるかということを、はっきり知っていなくてはなりません。

ただ、食べながら生活していくことは、誰もがみな同じです。しかし、問題となるのは、我々がいかなる生涯を送っているかということにあります。生涯を通して何を残すかということが重要なのです。また、何かを残すという点においても、これがただ一つの国のためであってはいけません。統一教会的な、統一教会式の何ものかを残さなくてはならないのです。統一教会的なものであっても、これは世界的なものでなければなりません。三十数億の全人類が両手を挙げて歓迎する、そのような世界的なものでなくてはならないのです。……

打たれて勝利する道

歴史上から見て、善人たちは常に打たれてきました。聖人たちも常に打たれてきました。ただそれだけを見ると、彼らはみな負けたような姿でした。しかし、彼らは決して負けたのではありません。彼らは必ず最後の勝利を勝ち取るようになっているのです。これが天の戦法です。イエス様もそのような戦法をとられたのです。それゆえに、我々の歩む道は決して平坦(へいたん)ではありません。苦痛と受難があふれている道を我々は歩いていくのです。平坦な道を歩もうとする者、そういう人は、天に対しては反逆者であると考えて間違いありません。

我々の統一教会におきましては、特に、個人的な利益のために走った人々はみな消え失せてしまいました。他人が見ていようと見ていまいと、国家のため、世界のために黙々と働いている場合、そういう人々は言葉の約束がなくても、深く深く一つに結ばれていくのです。それゆえに、祈りにおいても、人の知らないところで祈祷をすることが最も大切です。見えない至誠を尽くすことが大切なことです。そういう人が最後まで残る人です。そういう人が最後の宝となるのです。

統一教会はそのような人をつくり上げるために、一生懸命になっているのです。千万人を代表し得る信仰の実体をつくり上げるため、我々は骨を折っているのです。こういう方法をもって、我々は初めて天を解放することができるのです。それゆえに、我々は、自分一人が肥料となって、天を解放し、後孫たちを解放させる覚悟を決めなければなりません。

一人山頂に登って涙を流す、天のために嘆くその人は、ただ世界の平和を口にする人よりも、もっと深刻なる人です。こういう意味において、イエス様のゲッセマネにおける三次の祈りは、いかなる祈祷よりも深刻なものであったのです。そういう人がいる場合、天は彼に対して深い関心をもたざるを得ないのです。そういう人が、全人類の希望の的となっていることを我々は知らなければなりません。そういう人を中心として、天は動くのです。

自分一人の利益のために生きる人は光を残すことはできません。しかし、国家のために、世界のために、天のために生きる人は、復活圏内に入ることができるのです。最後まで残る唯一のものは天です。ゆえに、天のために生きる人が最後まで生きることができるのです。（一九七〇・九・二七　ソウル）

第三節　真の父母との一体化と全体の一体化

1イエス様とユダヤ民族が一つになれば全うされたのと同じく、世界の食口が先生と完全に一つになれば、この道は難なく突破できるのであります。……神がいて、原理がそうなっているならば必ずできることなのです。それは、皆さんと先生が一つになって行くかどうかで決定するのです。……皆さんは何も知らないでいるのです。それゆえに子女は、父母と一緒に行けばよいのであります。皆さんにここで、天国についてどんな話をしても皆さんには実感が湧かないと思います。なぜなら、自分なりに考えることしかできないからです。……それゆえに、皆さんはこの道に来てどれだけ信じていくか、ということが問題だと知らなければなりません。（一九七三・一・一）

2お母様を中心として、皆さんが一体になっていかなければならない時が来ました。お父様がいなくても、お母様が代わりにできる特権を許諾したというのです。お父様がいない時は、お母様のことを思わなければなりません。そのように理解して、先生の代わりにお母様に侍る心をもち、祈祷もそのようにするのです。今までは先生を愛してきましたが、これからはお母様を愛さなければなりません。これからはお母様の時代に入っていくことを理解して、特に女性たちはそのようにしなければなりません。ここにおいて、先生が第一教主であれば、お母様は第二教主であると世界的に宣布し、天地に宣布します。（一九九四・一一・二七）

③今、先生を中心としてお母様を立てました。先生が霊界に行ったならば、お母様を絶対中心として、絶対的に一つにならなければなりません。今、お母様が行く道は、お父様が立てたみ言(ことば)と説教集を中心として行かなければならないのです。他の言葉を述べるのを許しません。(一九九四・一二・二四)

④今後、先生がここに幾日か泊まるかもしれませんが、日本を通っていったあとにおきまして私が願うのは、君たちが一体となることである。(一九六五・一・二八)

⑤世界の前に立っている我々として問題なのは、一つになることである。早く一つになれ。分裂するな。一つになれ。(一九六五・二・一)

⑥君たちが一体となって、君たちが統一されて、その成約聖徒が、日本にいるいかなる者より強き者となって、他に負けてはならない。また若い者がいなくてはならない。その数をもって、全世界を救うようなこの日本が、歴史的国になるんです。(一九六五・二・一)

7今度帰る間際にあって、一言だけ言いたいことがあります。それは何かと言いますと、我々は、堕落したその後孫として生まれた以上は、これを復帰しなければならない。帰っていくには自分独りで絶対に帰れない。帰るには、いろいろな方法がある。兄さんの手に引かれて帰るか、姉さんの手に引かれて帰るか、それとも父母の手に引かれて帰るか。皆さんの心持ちとしては、帰るのだったら父母の手に引かれて帰ったほうが一番いい、それは誰でも願うことだ。しかし、世界全人類の考えを見た場合には、そうはいかない。我々は先生を中心として、新しい世界に出発しなければならない。それで直接、先生によって指導されたい。それは、皆さんのもっともな心持ちである。しかし、そんなに全部がなれるか。先生の体は限られている。実体というものは一つしかない。それが限られた立場に立っている。だから先生の手にすがって神の国に帰っていくことは、世界的に考えて、難しい。

だから方法としては、兄さんか、姉さんの手につながって、親が教えた方法に従いながら、帰ってこなければならない立場である。しかし、導かれるその立場において、その子供としてどういう考えをしなくてはならないかというと、今兄さんによって導かれているという心持ちをもってはいけない。そうするというと、また、兄さんから父母に相つなげるその手続きをしなければならない。兄さん、姉さんによって導かれていたならば、自分が兄さん、姉さんによって導かれていると思う基準に立ってはいけない。そのような位置に立ったなら、いずれ兄さん、姉さんの紹介によって、父母のところまで付いていかなければならない。いくら環境的に離れていても、自分を指導してくれる、その人が兄さん、姉さんなんだけれども、それは父母様の身代わりなのである。兄さんはお父さんの身代わりであり、姉さんはお母さんの身代わりである。そのような心持ちをいかにもつか、ということが問題である。

兄弟関係には難しいことがある。何事かがあったら、自分を中心として批判しがちなのが兄弟である。このような辛(つら)い環境に、日本の子女たちは置かれている。この限界をいかにして越えるか、それが、日本の地を発(た)つにおいて心配するところである。教会の指導者に対して、親の分身として立っている感じをいかにしてもつか。教会の責任者を見た場合、壮年から見た場合は自分の子供に見えるのである。社会的背後関係から、あるいは学歴関係から見た場合、自分より優れていない。自分に教えられる立場にある。その前に立って一から十まで批判しがちな立場が、一般社会の立場である。こういう状況下において、そのような心情をいかに体験し得るか。実に難しい。先生は、それを心配している。……

責任者といえば、どのような人であるかといえば、男はお父様の分身であり、女はお母様の分身でなくてはならない。分身とは、別れた身である。これが一番難しい。それで、それを補うにはいかにすればよいか。いかにあなた方は、いつも考える時は、どのような考えをしなければならないか。彼の親は自分の親であり、自分の親は彼の親である。親は共に一つである。それから、敵は共に一つである。彼の敵は私の敵である。私の敵は彼の敵である。今このような生活をするのは、敵を敗北させるためであり、敵を占領するためであり、敵を滅亡させるためである。このような気持ちをもたなくてはならない。

敵は六千年間、全知全能なる神を絶えず苦しめてきたのである。これは地において、我々とは比べものにならないほど素晴らしい知恵の王者として来ている敵である。その敵から防ぐには、二つ別々で闘っていると、必ず占領されてしまう。敵を占領することができない。敵を滅亡させるには、親を中心として兄弟が一つになれば、カインとアベルが一つになれば、そこにおいて敵を滅亡させることができる。この基準を徹底的に生活圏において感じるような生活をしていかなければ、心情において、親の分身として自分が復帰の路程を行くことができない。これを明確にしないといけない。これ以外にない。自分には親もない、敵もない、何もないという立場だったら、復帰運動をしながら何もできない。

「あなた方はカイン」と言って、アベルの位置をとると、それは困る。親を中心として二人が一つになる。アベルがカインの立場に立っている者と一つになる。一つになることが敵を撲滅させる最高の手引きである。敵の槍（やり）が突き抜けて、一つが二つになった場合は、完全に二つともやられてしまう。アベル一人では何もならない、カイン一人では何もならない。共に行くのです。この基準をあなた方は身にしみるほど、その心、思いに感ずるような立場をとらなければならない。これは漠然とした話ではない。事実がそうである。

良心と肉身が一つにならなければ、サタンを防ぐことはできない。我々の家庭において、親を中心として二人が一つにならなければ、三人が一つに絶対なれない。三人を一つにできなければ、四位基台をつくることはできない。創造目的は四位基台である。この観念が基盤である。この基準を君たちには、はっきりと覚えてもらいたい。共に欠点があったなら涙ぐみながら、その欠点のために本人以上に苦しみながら、その欠点のためにサタンにのみ込まれる条件を満たしたならば、神様の体面上、あるいは父母様の体面上、これは許されざる姿であるから、自分がそれを請け負って、自分が十字架を背負ってこれを蕩減してやる、というような責任をもって、仕事をしながら祈る者となるのが第一の問題である。このような動きをなしていけば、日本は飛躍的に発展するでしょう。

だから責任者は、若い者でもいい、今何も分からない者でもいい。先生は三歳の子供にまで最敬礼をした。子供には罪がないのです。三歳の子供といえば、親に対する従順なる心は、普通の大人と比べたら、問題にならないほど従順である。親にすがるその姿は、親に抱きつくその姿は、真そのものである。そういう観点から見れば、内容までいろいろ考えながら比較しながらついてくる大人よりも、もっと従順である。そういう従順な姿、神の心情を慕い焦がれるその姿を神が見た場合、「なんだ三歳の子供のくせに、なぜそういうことをやる」と、そうは言わない。……

先生は今度、いろいろ新しい方法を決めていくのですが、ここにおいて、兄弟同士における心情基準を、単なる兄弟同士の心情基準と思わず、父母を中心とした心情基準をもつような人にいかになってくれるか、先生が一番心配していることです。（一九六七・八・九）

8カインとアベルはお互いに敵であり、愛することができない立場にあります。サタン世界はこのために、必ず分裂し、闘争が起こるのです。しかし私たちは、これとは逆の道を歩みます。すなわち、お互いに愛し得ない者同士が、愛して一体化するということです。これこそが発展と勝利の秘訣（ひけつ）なのです。アベルとカインの関係において、アベルはより神様に愛される立場にあり、カインはアベルを通して神様の愛を受けるべき立場にあります。しかし、だからといってカインの立場にある者は、アベルの立場にある者に無条件で従うのが当然だ、などと考えることは誤りです。アベルの立場にある者は、カインの立場にある者が従順に従ってくることができるように、仕向けなければなりません。

カインは本来、アベルに反感をもち、反発する性質をもっていますから、そのままでアベルを愛し、従っていくことは難しいのです。したがって、アベルの立場にある者は、誰よりもカインの立場にある者を心から愛し、身をもって教え導くことにより、カインの立場の者が心から喜んで従ってくるようにしなければなりません。そのようにするための中心的な要素は何か。それは愛です。愛こそ、二つのものを結びつける磁石なのです。（一九七七・六・一七）

⑨伝道には何が一番重要かというと、霊的力が問題である。すなわち霊界がいかに協助するか、ということが重要になってきます。……では、霊界が援助するような班編成になるにはどうするかというと、一つになる完全に一つになることですね。そして班長がいいという考えよりも、自分がその天の前にいい人になって、班長をも引っ張ればよいのです。一つの家庭を考えてみた場合にも、すべての家庭の親がみんな立派なのではありません。もし親より子供の方が良い家庭があった場合、その子供を中心として固まって、親を押し上げればよいのです。反対に何か批判を始めたら、その家庭は完全に崩れてしまう。「無能な者に協助するな」とか、そんなこと言う者自体が一番悪い。そういう者こそサタンの要因です。ぶつぶつ言う人より以上に、自分なが

らの実績をたたせるのが大切なことです。もし、班の中にぶつぶつ不平を言う人がいたら、それはサタンの要素だから、これは摂理的な破壊基盤となって、すべてが横倒れ共倒れになってしまう。そのことをしっかり認識したなら、班長と班員が完全に一つになる以外に道はありません。……一つになっていけば、神様は私たちの生命を懸けた誠意を知って摂理することができるのです（一九七六・一〇・五　ベルベディア）

【編者略歴】

可知雅之（かち　まさゆき）

1947年　福島県郡山市生まれ
1965年　安積高等学校卒
1965年　千葉大学工学部工業意匠学科入学
1966年　世界基督教統一神霊協会（現、世界平和統一家庭連合）に入教
1972年から現在まで、
世界平和統一家庭連合の信徒教育、教理研究、歴史編纂に携わる。

改訂増補版 말씀（マルスム）

2017年10月10日　初版第1刷発行

編　集　日本歴史編纂委員会　可知雅之
発　行　株式会社　光言社
〒150-0042　東京都渋谷区宇田川町37-18
電話　03（3467）3105
https://www.kogensha.jp
印　刷　株式会社　ユニバーサル企画

ISBN978-4-87656-629-7

2010000121818